AF592222

UNIVERSITÉ DE PARIS. — FACULTÉ DE DROIT

RÉGIME FINANCIER

DES

COLONIES FRANÇAISES

NON COMPRIS LES PAYS DE PROTECTORAT

THÈSE POUR LE DOCTORAT

PAR

JEAN LE BOURDAIS DES TOUCHES
AVOCAT A LA COUR D'APPEL

PARIS
LIBRAIRIE NOUVELLE DE DROIT ET DE JURISPRUDENCE
ARTHUR ROUSSEAU, ÉDITEUR
14, RUE SOUFFLOT ET RUE TOULLIER, 13
—
1898

THÈSE

POUR LE DOCTORAT

La Faculté n'entend donner aucune approbation ni improbation aux opinions émises dans les thèses ; ces opinions doivent être considérées comme propres à leurs auteurs.

UNIVERSITÉ DE PARIS. — FACULTÉ DE DROIT

RÉGIME FINANCIER

DES

COLONIES FRANÇAISES

NON COMPRIS LES PAYS DE PROTECTORAT

THÈSE POUR LE DOCTORAT

L'ACTE PUBLIC SUR LES MATIÈRES CI-APRÈS
Sera soutenu le 14 juin 1898, à 10 heures

PAR

JEAN LE BOURDAIS DES TOUCHES
AVOCAT A LA COUR D'APPEL

Président : M. DUCROCQ.
Suffragants : MM. ESTOUBLON, LESEUR, *professeurs.*

PARIS
LIBRAIRIE NOUVELLE DE DROIT ET DE JURISPRUDENCE
ARTHUR ROUSSEAU, ÉDITEUR
14, RUE SOUFFLOT ET RUE TOULLIER, 13
1898

BIBLIOGRAPHIE

Adam Smith. — Richesse des nations, livre IV.
Aubigny (d'). — La politique coloniale de Choiseul, 1888.
Béhic. — Rapport à la Commission chargée de réviser le régime colonial, 1849.
Bonnassieux. — Les grandes compagnies de commerce, 1892.
Bouchié de Belle. — Le nouveau régime douanier des colonies (*Journal des Economistes*, 1892).
Cauwès. — Cours d'économie politique.
Chailley Bert. — La politique coloniale de la France.
— L'administration d'une colonie sous l'ancien régime (*Economiste français*, 1892).
— La colonisation de l'Indo-Chine et l'expérience anglaise.
Chazelles (de). — Etude sur le système colonial, 1860.
Delarbre. — Les colonies françaises, leur organisation, leur administration, 1878.
Deschamps (Léon). — Histoire de la question coloniale en France, 1891.
Dislère. — Traité de législation coloniale.
— Organisation des colonies.
Duchêne (A.). — Du régime législatif des colonies, 1893.
Ducrocq. — Cours de Droit administratif.
Duperré (Amiral). — Exposé des motifs de la loi de 1841 à la Chambre des Pairs.
Dutertre (Le Père). — Histoire générale des Antilles habitées par les Français, 1667.
Dupin (Ch.). — Rapport au Sénat sur le projet du sénatus-consulte de 1854.
Duval (Jules). — Les colonies et la politique coloniale de la France, 1864.
Gaffarel. — Les colonies françaises.
Gide (Ch.). — A quoi servent les colonies (*Revue de géographie*, 1886).
Girault (Arthur). — Principes de colonisation et de législation coloniale, 1895.
Hagendorf (Comte de). — Du système colonial de la France sous le rapport de la politique et du commerce, 1817.

Isaac. — Questions coloniales : constitutions et sénatus-consultes, 1887.
— Rapports au Sénat au nom de la Commission de 1888.
Lanessan (de). — L'expansion coloniale de la France, 1886.
Lareinty (de). — Pétition au nom des colons de la Martinique, 1865.
Leroy-Beaulieu (Paul). — De la colonisation chez les peuples modernes.
— Traité de la science des finances.
— Colonisation au XIXe siècle (*Nouveau Dictionnaire d'économie politique*).
Mager. — Cahiers coloniaux de 1889.
Montesquieu. — Esprit des Lois, livres XV et XXI.
Moreau de St-Méry. — Lois et Constitutions des colonies françaises de l'Amérique sous le Vent, 1785.
Pauliat (Louis). — La politique coloniale de l'ancien régime, 1886.
Petit (Ed.). — Organisation des colonies.
— Droit public des colonies françaises.
Pigeonneau. — La politique coloniale de Colbert (*Annales des sciences politiques*, 1886).
Rambaud (Alfred). — La France coloniale.
Stourm. — Le budget.
Turgot. — Mémoire au roi sur la guerre d'Amérique.

RECUEILS ET PÉRIODIQUES.

Congrès national de 1889, Recueil des délibérations, 3 vol.
Bulletin officiel du Ministère des colonies.
Bulletin des Lois.
Journal officiel de la République française.

DOCUMENTS PARLEMENTAIRES.

CHAMBRE DES DÉPUTÉS.

Séance extraordinaire, 1886, p. 1862. Rapport de M. Étienne.
Séance ordinaire, 1890, p. 1145. Rapport de M. le Myre de Villers.
Séance ordinaire, 1891, p. 887. Rapport de M. Thomson.
Séance ordinaire, 1892, p. 1871. Rapport de M. Chautemps.
Séance ordinaire, 1893, p. 665. Rapport de M. Charles Roux.
Séance ordinaire, 1894, p. 914. Rapport de M. Terrier.
Séance ordinaire, 1897, p. 1323 et p. 1328. Rapport de M. Bazille.

SÉNAT.

Séance extraordinaire, 1891, p. 40. Rapport de M. Isaac.
Séance ordinaire, 1890, p. 210. Rapport de M. Isaac.
Séance extraordinaire, 1891, p. 582. Rapport de M. Trarieux.
Séance ordinaire, 1893, p. 492. Rapport de M. Isaac.

DOCUMENTS DE LA COUR DES COMPTES.

Résumés des colonies. Rapports.

RÉGIME FINANCIER

DES

COLONIES FRANÇAISES

INTRODUCTION

NOTIONS THÉORIQUES.

Les questions coloniales ont pris, à notre époque, une extension considérable. Quelle que soit la cause à laquelle on puisse attribuer ce développement, qu'il soit la conséquence des phénomènes économiques nécessitant la création de débouchés à la population et au commerce du vieux monde, le résultat de l'absence prolongée de guerres continentales, l'œuvre de l'influence de certains hommes politiques, ou tout simplement l'effet d'une évolution naturelle des esprits et des choses, il demeure indéniable.

Une fièvre de colonisation d'une intensité nouvelle s'est emparée de l'Europe entière. L'activité détournée du vieux continent se porte vers les entreprises lointaines d'une conquête coloniale. L'initiative privée et l'initiative gouvernementale concourent à l'envi à la propagation de ces entreprises. « La fin de notre siècle est témoin de ce phénomène auquel l'histoire ne nous avait guère préparés : la colonisation, depuis dix ans, paraît être la condition de paix en Europe ; c'est la soupape par laquelle l'ambition politique se dégage, le désir de conquêtes et l'inquiétude des peuples trouvent à s'apaiser. Les yeux fixés sur la vaste proie qui est au loin, on oublie les mesquines querelles de voisinage (1). »

Une croissante émulation, une rivalité toujours en éveil, animent les Etats européens, qui tous, même les moindres, cherchent à avoir leur part des terres qui, libres encore, demeurent désignées à leurs convoitises.

« Cette lutte pour le partage du monde restera le phénomène le plus considérable de cette fin de siècle, celui dont les conséquences heureuses ou funestes se feront sentir dans l'avenir le plus éloigné (2). »

Et ce mouvement qui entraîne l'Europe à la conquête d'un empire colonial, ne se manifeste pas seulement sur les rives lointaines où abordent ses voyageurs et ses soldats. Il détermine au sein même des métropoles, le développement parallèle d'une science coloniale soucieuse d'organiser les conquêtes d'outre-mer suivant les principes les mieux appropriés aux circonstances actuelles.

Si l'art de la colonisation remonte, en effet, aux origines les plus anciennes, il a été transformé par chacune des civilisations qui l'ont cultivé : chaque époque, chaque peuple l'a conformé à son esprit, à ses besoins.

Les modes suivant lesquels se créent les colonies entraînent des conceptions diverses sur l'organisation et sur la législation qui leur doivent être appliquées. Après avoir

(1) Leroy-Beaulieu, *La colonisation chez les peuples modernes*. Préface de la 4e édition.

(2) Gide, *A quoi servent les colonies* (*Revue de géographie*, 1886).

longtemps abandonné le rôle de colonisateur à l'initiative privée, c'est aujourd'hui l'Etat lui-même qui fonde les colonies : elles sont son œuvre, sa création ; elles constituent une partie de lui-même, c'est à lui qu'il appartient de les organiser, de les diriger, d'étendre jusqu'à elles les bienfaits de cette vie administrative, nécessaire au bon fonctionnement de tout pays.

Car la colonie que l'on a pu justement comparer à un enfant, a droit à toute la sollicitude de la Mère patrie et cette sollicitude s'exercera par des moyens variant avec le degré de développement de la colonie.

Tout d'abord, à l'époque de formation, la métropole sera souvent obligée de se substituer à la colonie trop inexpérimentée pour se diriger elle-même : ainsi se justifiera le système de l'*assujettissement.*

Mais la métropole ne pourra pas prolonger au delà de cette première période l'application d'un régime qui ne servirait plus alors qu'à soumettre les intérêts coloniaux aux siens propres et qui conduirait à une notion inexacte et dangereuse de la colonisation, que l'Encyclopédie résumait en ces termes : « les colonies sont faites par la métropole et pour la métropole ».

Il faudra donc songer à poursuivre l'organisation coloniale en la dirigeant suivant d'autres principes.

Deux systèmes sont en présence, ou bien l'État ne se considérant que momentanément le tuteur de la colonie, l'aidera de ses conseils dans l'œuvre première de sa formation intérieure, créera chez elle, au moyen d'éléments coloniaux, des pouvoirs publics à l'instar de ceux de la métropole, puis l'abandonnera aux lumières de ce self-government, ne conservant sur lui qu'une très paternelle surveillance. C'est le système de l'*autonomie* adopté dans la colonisation anglaise.

Ou bien, l'Etat, conservant la tutelle de ses colonies, après avoir présidé à son organisation administrative, interviendra d'une façon continue dans les affaires coloniales par l'intermédiaire de fonctionnaires envoyés par lui dans la colonie, qui reste soumise aux décrets et aux lois de la métropole et se trouve assimilée en quelque sorte à une province. C'est le système de l'*assimilation* qui diffère de l'assujettissement en ce que les colonies sont représentées dans les assemblées de la métropole par des délégués qui peuvent prendre la défense des intérêts coloniaux. Les pays de race latine continuant la tradition romaine demeurent attachés au principe de l'assimilation.

Sans vouloir entrer dans la discussion à laquelle se livrent les partisans de l'un et de l'autre système sur leurs mérites respectifs, nous nous bornerons à constater qu'en France le système de l'assimilation a définitivement prévalu, conséquence du triomphe des idées politiques dont il a suivi la fortune.

Etant donné ce principe, il faut nous demander quelles vont en être les conséquences au point de vue du régime financier des colonies, objet de cette étude.

L'assimilation financière, appliquée strictement, va placer la colonie dans la même situation que le département: d'une part, les impôts seront en partie perçus par l'Etat qui prendra en revanche à sa charge toutes les dépenses d'intérêt général.

Les conséquences ne semblent-elles pas d'elles-mêmes excessives? La complication qui en résulte ne peut avoir aucun effet dans les départements qui ne représentent qu'une division administrative dans l'Etat lui-même: la superposition des deux budgets, celui de l'Etat et celui du département, est alors essentielle. Ils sont liés l'un à l'autre par les mêmes causes qui unissent l'existence du département à celle de l'Etat.

La colonie au contraire, quelque souveraine que puisse être chez elle l'autorité de l'Etat, n'en est pas moins animée d'une vie propre et indépendante ; tous les services, quelque caractère de généralité qu'ils présentent, l'intéressent directement : tous demeurent, au même titre des services coloniaux. Tous les impôts que l'Etat pourrait percevoir dans la colonie n'en resteraient pas moins destinés à subvenir aux besoins de cette colonie, au contraire de ce qui se passe dans les départements qui ne peuvent chacun prétendre à l'application intégrale à leurs dépenses de la totalité des impôts perçus chez eux.

Pourrait-on concevoir que la vie d'un département fût arrêtée par une interruption dans l'exécution de son budget ? Et ne doit-on pas reconnaître qu'une telle interruption, survenant dans le fonctionnement d'un budget colonial, compromettrait l'existence même de la colonie ?

Etant données ces différences, faut-il adopter jusqu'en ses dernières conséquences, au point de vue financier, le système de l'assimilation de la colonie au département?

Les partisans les plus résolus de ce système ont hésité à le faire. Les pays qui ont le plus entièrement réalisé l'assimilation coloniale, l'Espagne et le Portugal, dont les colonies portent la dénomination caractéristique de *provinces d'outre-mer*, ont atténué pourtant, en matière financière, la rigueur de leur doctrine.

En France, après une expérience de complète assimilation qui, tentée en 1841, fut abandonnée dès 1854, on paraît s'être définitivement arrêté, et en ce qui concerne le régime financier des colonies, à l'heureuse union des deux systèmes, l'autonomie et l'assimilation.

En principe, la colonie reste maîtresse de ses finances. Elle vote et perçoit la totalité des impôts : les dépenses de tout ordre, même celles d'intérêt général, sont comprises dans le budget colonial.

Le budget métropolitain ne prend à sa charge, par exception, qu'un nombre très limité de dépenses dites de souveraineté, et les recettes de l'Etat se trouvent augmentées des contingents imposés aux colonies en compensation de ces dépenses.

A un régime budgétaire si différent de celui qui fonctionne dans nos départements français, correspond une extension différente des attributions accordées aux assemblées locales.

Les conseils généraux des colonies jouissent, toutes les fois que l'intérêt de l'Etat ne peut être engagé par leurs décisions, d'une plus grande liberté que les conseils généraux de nos départements. Ainsi, sur quel principe se trouve fondé, dans la métropole, le droit qui a toujours été reconnu à l'Etat de limiter les taxations des assemblées locales ? Précisément sur l'intérêt qu'il a à ce que la fiscalité exagérée de ces assemblées ne fasse pas disparaître la matière imposable sur laquelle sont fondées ses propres ressources. Mais du moment que dans la colonie l'Etat ne perçoit aucun impôt pour son propre compte, il se trouve désintéressé, et partant abandonne à l'assemblée coloniale une initiative en matière de fixation de tarifs qui n'appartient pas aux conseils généraux français. Il se réservera pourtant en cette matière un pouvoir de surveillance et d'approbation, car il conserve toujours un intérêt d'un caractère plus général, celui de s'opposer à la ruine de la colonie.

Au contraire, dans le domaine des dépenses, il en est

qui, bien que faisant partie du budget colonial et étant par conséquent votées par les Conseils généraux, correspondent à des services dont le bon fonctionnement intéresse directement l'Etat : ce sont les dépenses d'intérêt général. Il est clair qu'il ne peut les abandonner à la discrétion des assemblées locales, aussi leur donnera-t-il le caractère obligatoire et en imposera-t-il lui-même la juste fixation au Conseil de la colonie.

En résumé, tout en abandonnant en matière financière le système de l'assimilation et acceptant le principe de l'autonomie budgétaire de ses colonies, la métropole conserve sur elles une autorité qui s'exerce sous la forme d'actes d'approbation, d'autorisation et quelquefois de véritable contrainte, analogues à ceux qui interviennent dans les rapports de l'Etat avec les départements. Cette autorité se fera même sentir avec une force à laquelle elle n'a plus raison de recourir dans la France continentale, toutes les fois que les assemblées coloniales encore inexpérimentées et agitées par des querelles de race qui nous sont inconnues, n'offriront pas au même degré que dans la métropole, les qualités de sagesse et de modération qui justifient leurs pouvoirs.

L'ensemble des principes qui se peuvent ainsi dégager de l'étude du régime financier actuel de nos colonies, n'est que le résultat d'une évolution lente et continue, au cours de laquelle notre législation coloniale n'a cessé de se transformer. Sous la dépendance directe des événements extérieurs et politiques nulle autre législation n'est en effet plus variable, nulle autre n'est plus susceptible de perfectionnement. C'est par des étapes successives qu'elle s'achemine vers une organisation plus parfaite, et la forme sous laquelle elle se montre aujourd'hui ne constitue elle-même qu'une étape qui demain sera peut-être à son tour franchie.

Aussi la connaissance de l'histoire de cette législation est-elle nécessaire pour en comprendre la raison d'être et en apprécier les caractères. Bien plus, l'étude du passé est en cette matière inséparable du présent, car ne faut-il point avoir recours à une distinction factice pour détacher ce qui appartient au domaine de l'histoire de ce qui est déjà sur le point d'y rentrer ?

C'est cet enchaînement des faits qui ont conduit le régime colonial au point où nous le trouvons de nos jours, que nous allons nous efforcer de préciser et d'exposer en une première partie, réservant pour la seconde l'examen détaillé de l'organisation actuelle ainsi que l'indication des tendances qui semblent la diriger vers de nouvelles modifications.

PREMIÈRE PARTIE

HISTOIRE DE LA LÉGISLATION FINANCIÈRE DES COLONIES FRANÇAISES.

L'histoire coloniale de la France peut être divisée en deux grandes périodes :

La première prenant naissance avec nos colonies, les suivant dans leur développement, puis dans leur déclin, pour aboutir enfin à leur ruine, aux derniers jours du Premier Empire.

La seconde nous conduisant depuis la Restauration jusqu'à l'heure présente, à travers les phases de la reconstitution progressive de notre empire colonial.

A chacune de ces périodes corespondent des caractères et des principes distincts, une politique et une législation différentes.

Elles nous représentent l'une et l'autre l'histoire de deux colonisations successives. Mais, sans être issue l'une de l'autre, ces deux colonisations n'en demeurent pas moins rattachées par une communauté d'origine, qui fait de la première, en bien des points, l'explication et la raison d'être de la seconde. Aussi ne saurait-on se faire une idée suffisamment nette de cette dernière, sans connaître au moins en ses grandes lignes celle qui l'a précédée.

Ilne rentre pas dans le cadre de cette étude de retracer l'histoire de nos colonies depuis le XVIe siècle, au cours duquel des marins Dieppois armèrent deux navires qui firent voile vers les Canaries, arrivèrent au Cap Vert et mouillèrent, en 1364, dans une baie qu'ils appelèrent *baie de France* (1).

Nous n'examinerons pas non plus si, comme le dit le même auteur, « par ces entreprises en des parages jusqu'lors inconnus et inabordés de toute autre nation (les Génois, les Portugais et les Espagnols n'avaient pas dépassé les Canaries), les Français ont le droit de se dire les pères de la colonisation moderne ».

Dans l'exposé historique qui va suivre, nous nous proposons seulement de déterminer les caractères généraux de l'administration et de la législation coloniales, et plus particulièrement, le régime financier appliqué à nos colonies.

L'histoire de notre premier empire colonial étant intimement liée à l'histoire politique de la métropole, nous étudierons successivement la législation coloniale :

1° Sous l'ancien régime ;

2° Sous la Révolution ;

3° Sous le Consulat et l'Empire.

(1) Jules Duval, *Les colonies et la politique coloniale de la France*, p. 4.

CHAPITRE PREMIER

DES ORIGINES A LA RESTAURATION.

SECTION I

ANCIEN RÉGIME.

Caractères généraux de la colonisation sous l'ancien régime. — Théorie de l'assujettissement. — La politique coloniale de l'ancien régime se trouve tout entière résumée en ce principe : *les colonies sont fondées par et pour la Métropole*.

Elles sont fondées *par* la Métropole, ce qui implique en faveur de la Métropole le pouvoir d'administrer la colonie, de lui imposer ses lois : c'est, en matière administrative, le système de l'*assujettissement*.

Elles sont fondées *pour* la Métropole, ce qui veut dire que leur seule raison d'être est l'utilité qu'elles représentent, qu'elles sont à la fois un débouché pour les produits métropolitains et une source de production réservée à la Métropole, et que leur existence même est limitée à cette double fonction : c'est, au point de vue économique, le système du *Pacte colonial*.

Sur cette double base, l'ancien régime a construit son œuvre de colonisation.

Le système de l'assujettissement se rattachait au principe général d'absolutisme que la royauté se montrait soucieuse de maintenir autour d'elle.

La colonisation qui fut, il faut le reconnaître, son œuvre

personnelle, poursuivie par elle avec sollicitude et persévérance, devait représenter pour elle un moyen d'étendre au delà des mers cette autorité qu'elle se plaisait à exercer sur le continent, de soumettre de nouvelles provinces à son administration et à ses lois. Encore cette soumission devait-elle être plus prompte et plus facile aux colonies que dans les provinces françaises, car aucune législation antérieure n'y pouvait faire obstacle à l'œuvre du souverain. C'est ainsi que la Coutume de Paris fut déclarée applicable aux colonies.

L'assujettissement trouvait aussi sa justification dans le fait que ses applications devaient atteindre des colons dont la naissance avait déjà fait des sujets du roi : la grande majorité des habitants de nos colonies était représentée par des Français. « Les Français avaient quitté leur pays pour aller par delà les mers fonder de nouvelles France et ils avaient emporté avec eux la langue, la religion, les lois de leur patrie (1). » Le goût des aventures, le désir de propagande religieuse, l'attrait de fonctions productives de profits et d'honneurs, les soins apportés par la royauté dans le choix des fonctionnaires conduisirent aux colonies nombre de gens de la plus illustre origine (2). Ce n'est point sans étonnement qu'en lisant les relations des séances de l'assemblée de telle de nos colonies, la Martinique ou St-Domingue par exemple, on découvre les noms qui faisaient, à la même époque, l'ornement de la Cour de Versailles. « Il n'y avait guère, au siècle dernier, de famille en France qui n'eût son représentant aux colonies ; aussi nos possessions d'outre-mer tenaient-

(1) Chailley-Bert, *L'administration d'une colonie sous l'ancien régime*, *Economiste français*, 11 novembre 1892.

(2) V. l'ouvrage très intéressant du père Dutertre paru en 1667 : *Histoire générale des Antilles habitées par les Français*, 3 vol.

elles dans le cœur de la patrie une place qu'elles ont perdue (1). »

Pour ces diverses raisons, l'extension coloniale des lois et du régime administratif de la métropole ne pouvait manquer de s'accomplir.

Pourtant, si l'assujettissement administratif fut réalisé d'une manière complète, ainsi que nous le verrons, la royauté apporta certains tempéraments à l'assujettissement législatif des colonies. Elle abandonna une certaine part d'initiative en cette matière aux gouverneurs qu'elle-même avait placés à leur tête. Elle les autorisa à « prescrire, *avec avis des gens prudents et capables*, des lois, statuts et ordonnances, *autant qu'il se pourra, conformes aux nôtres*, notamment en choses et matières auxquelles n'est pourvu par icelles » (*Instructions du roi de* 1665).

L'administration coloniale fut entièrement organisée sur le modèle de l'administration provinciale.

A la tête de la colonie, un gouverneur représentant l'autorité militaire et un intendant représentant l'autorité civile. Ce dernier est, à proprement parler, l'administrateur de la colonie, mais « comme l'autorité de Sa Majesté, qui réside au commandement des armées, est toujours la première et la plus excellente, l'intendant ne doit jamais avoir que la seconde place » (*Mémoire du roi*, 30 avril 1681). Puis l'élément colonial est représenté par une assemblée locale, à laquelle certaines attributions sont accordées pour lui permettre de veiller à la sauvegarde des intérêts de la colonie. A la fin du XVIIIe siècle, l'uniformité administrative est à tel point définitive, que lorsque Louis XVI crée des assemblées provinciales dans toute

(1) Jules Duval (ouvrage précité), p. 182.

l'étendue du royaume, il institue à leur exemple, en 1787, des assemblées coloniales dotées de pouvoirs analogues.

Mais les caractères de l'administration coloniale, bien que, dès le début, orientés vers cette identification de règles avec celle de la métropole, ne se dégagèrent pas, à l'origine, avec une semblable netteté. L'histoire administrative de nos colonies, aussi bien que leur histoire économique a traversé sous l'ancien Régime deux périodes : celle des compagnies privilégiées et celle du gouvernement direct de la commune. Il convient de retracer ici très succinctement l'histoire des compagnies de colonisation, dont l'influence fut telle qu'on a pu dire qu'elles résumaient en elles la politique nationale de l'ancien Régime (1).

Les compagnies privilégiées de colonisation. — La royauté qui, depuis le règne de François Ier, s'était plu à intervenir dans les questions coloniales, songea à développer les entreprises d'outre-mer, en assurant son concours et sa protection à ceux qui les voudraient tenter.

En 1598, Henri IV confère au sieur de la Roche le titre de lieutenant général ès pays du Canada et autres, arme aux frais du Trésor royal un vaisseau, fournit des vivres pour le voyage. Le navire ne put malheureusement pas atteindre les côtes d'Amérique. Mais l'année suivante la première compagnie était créée sous le nom de Compagnie de Canada et d'Acadie ; cette fois, le Trésor royal ne faisait aucune avance. La compagnie se chargeait de toutes les dépenses en compensation des privilèges que lui octroyait une charte royale. Le système des compagnies

(1) Girault, *Législation coloniale*, p. 156.

privilégiées était créé. Dès lors les compagnies se succédèrent très rapidement. La royauté, trouvant son intérêt dans un procédé qui lui semblait habile et qui lui permettait de « coloniser sans bourse délier (1) » se fit l'inspiratrice de ce développement. A côté de la Compagnie du Canada, fut fondée, en 1600, la Compagnie de Java, Sumatra et Moluques ; puis, en 1603, la Compagnie de la nouvelle France ; en 1604, la Compagnie des Indes orientales. Les échecs successifs de ces entreprises ne ralentirent pas leur accroissement. Le système, en honneur dans l'Europe entière, s'établit, de jour en jour, plus solidement en France. Sous la direction de Richelieu, le nombre des compagnies augmente dans des proportions considérables. Il y en a partout, aux Indes, aux Antilles, sur les côtes d'Afrique et en Amérique. Ces compagnies, rivales pour la plupart, se disputent les concessions ; dès que l'une d'entre elles est obligée d'abandonner la lutte, de nouvelles viennent la remplacer pour échouer à leur tour.

Mais la royauté ne se préoccupait point d'enrayer le mal grandissant, l'influence française allant s'accroissant et elle ne prévoyait point que si cette politique étendait notre domaine colonial, elle préparait en même temps sa ruine.

Pourtant la durée éphémère de la plupart des compagnies et l'état médiocre dans lequel se trouvaient celles qui subsistaient alors, décidèrent Colbert à tenter une réforme. Mais ce ne fut point contre le principe même de concession qu'il la dirigea, mais seulement contre la multiplicité des concessionnaires. Il fit de notre empire colo-

(1) Girault, p. 156.

nial deux lots qu'il attribua chacun à l'une des deux grandes compagnies qui devaient se partager le commerce de nos colonies. Ainsi furent créées la Compagnie des Indes occidentales en mai 1664 et la Compagnie des Indes orientales au mois d'août de la même année. Afin de remédier à la faiblesse que Colbert considérait comme la seule cause de la ruine des précédentes compagnies, les deux nouvelles virent accroître leurs pouvoirs et leurs privilèges. C'était aggraver encore les défauts du système. Les résultats le prouvèrent puisqu'ils aboutirent à la vente de leurs privilèges par les compagnies elles-mêmes, puis à leur liquidation.

Ces nouvelles expériences eussent dû faire abandonner complètement le procédé des compagnies privilégiées.

La royauté retint bien sous son administration directe quelques territoires en Amérique, mais partout ailleurs elle octroya des chartes à de nouvelles compagnies, dont le nombre alla croissant jusqu'au jour où, après la ruine de ces dernières, fut constituée par Law la célèbre Compagnie du Missisipi, qui absorba bientôt tout le commerce de nos colonies sous le nom de Compagnie des Indes. On sait de quelle effroyable débâcle fut suivie cette entreprise et les contre-coups économiques qu'elle entraîna dans l'Europe entière.

La royauté songea alors à employer le procédé de l'administration directe. Elle l'étendit progressivement à chacune des colonies qui, à la ruine de la compagnie qui l'exploitait, rentrait dans le domaine de la Couronne.

Mais le système de la colonisation entreprise directement et officiellement par l'Etat, ne se généralisa que sous le ministère de Choiseul, c'est-à-dire à la fin de l'ancien régime.

Encore l'influence du passé était-elle assez forte à cette

époque pour permettre à certaines compagnies de se fonder jusque sous le ministère de Calonne. En 1769, Morellet, dans son mémoire dirigé contre ce qui subsistait encore de la Compagnie des Indes, compte 55 compagnies ayant échoué sur un même territoire. « Jamais nation ne s'attacha avec autant d'opiniâtreté à une institution que l'expérience ne cessait de condamner (1). »

Tel est le système de colonisation par compagnies qui prévalut sous l'ancien régime.

Le gouvernement direct de la Couronne. — Les ruines successives des diverses compagnies privilégiées conduisirent la royauté à substituer progressivement dans les colonies, son autorité à celle de ces compagnies. A la dissolution de la Compagnie des Indes occidentales, un édit de décembre 1764 déclare que « la plupart des droits et revenus dont jouissait la compagnie convenant mieux à la première puissance de l'Etat, passent dans le domaine de la Couronne ». Dès 1635, la royauté place des gouverneurs à la tête des colonies. En 1683, les pouvoirs des gouverneurs et des intendants, agents de la royauté, sont notablement étendus ; les gouverneurs reçoivent désormais directement les instructions du roi.

L'influence des économistes hostiles aux compagnies, eut sa part dans le mouvement qui, peu à peu, soumit les colonies à l'administration directe de la couronne. « La nature des grandes compagnies, dit Montesquieu, est de donner aux richesses particulières la force des richesses publiques ; cette force ne peut se trouver que dans les mains du prince (2). » Le système du gouvernement direct,

(1) Paul Leroy-Beaulieu, *De la colonisation chez les peuples modernes*, p. 145.

(2) *Esprit des lois*, livre XXI, ch. XXI.

dont l'application aux colonies de l'Amérique du Nord en 1674 avait été en quelque sorte l'œuvre des événements, la couronne se trouvant seule capable de supporter la succession obérée de la compagnie, devint la théorie chère à toute une école d'écrivains et d'hommes politiques au XVIIIe siècle. Adam Smith condamne les compagnies en ces termes : « de tous les expédients dont on puisse s'aviser pour comprimer les progrès d'une nouvelle colonie, c'est sans doute le plus efficace ». Ce fut à l'initiative de Choiseul que ces principes durent leur plus complète réalisation.

Le duc de Choiseul, ministre des affaires étrangères, devint ministre de la marine en 1761 et, dirigeant toutes ses préoccupations vers les questions coloniales, poursuivit avec ardeur, jusqu'en 1770, l'œuvre de la colonisation directe par le gouvernement. C'est sous son ministère que furent rendus l'édit de 1764 qui consacra l'incorporation à la couronne de la Réunion et des Mascareignes, et l'arrêt du Conseil du 13 août 1769 qui prononça la suspension du privilège de la Compagnie des Indes orientales. Les liens entre la métropole et les colonies furent resserrés par une administration directement placée sous l'autorité royale, en même temps que les intérêts coloniaux obtenaient une représentation plus importante et plus efficace. « Avec Choiseul s'ouvre l'ère de la colonisation officielle, c'est-à-dire entreprise directement par l'Etat et sous sa responsabilité (1). » Et si, à la fin de l'ancien régime, ce système de colonisation a définitivement triomphé, ce n'est qu'après avoir soutenu, comme on peut le voir, une longue et continuelle lutte avec les compagnies privilégiées. Encore

(1) D'Aubigny, *La politique coloniale de Choiseul* (*Annales des sciences politiques*, 1892, p. 543).

la défaite de ces dernières n'empêche-t-elle pas, sous le ministère de Calonne, la concession de privilèges à une Compagnie du Sénégal et à une nouvelle Compagnie des Indes.

Évolution du régime financier des colonies. — Sa confusion, au début, avec celui des compagnies privilégiées. — Les transformations que nous venons de constater dans le mode d'administration des colonies sous l'ancien régime, ont entraîné dans leur régime financier des modifications correspondantes.

Au moment où se fondent les compagnies privilégiées, la personnalité même de la colonie se confondant avec celle de la compagnie, il ne peut être question d'une réglementation financière spéciale à la colonie. C'est une exploitation commerciale aux risques et périls de ceux qui l'entreprennent ; il est naturel que les finances coloniales ne soient autres que celles de la compagnie. Il n'y a point de budget colonial : les recettes et les dépenses de la colonie constituent les bénéfices et les pertes de la compagnie. En vertu de la charte que lui octroyait le roi, la compagnie se trouvait investie sur les territoires compris dans la concession, des droits attribués autrefois dans les provinces de France aux seigneurs haut justiciers. Elle acquérait la souveraineté et la propriété des terres qu'elle devait coloniser. Au monopole commercial de la compagnie venaient se joindre des brevets de noblesse, le privilège d'armer des vaisseaux et de déclarer la guerre ou de signer un traité de paix au nom du roi de France.

La compagnie était vassale directe de la royauté. Elle était donc tenue d'autre part de certaines obligations vis-à-vis du suzerain. Ces obligations entraînaient pour elle des dépenses où l'on peut voir l'origine des dépenses actuelles dites de souveraineté. La compagnie s'engageant à assurer la sécurité dans la colonie et à y maintenir l'autorité royale en faisant observer les lois du royaume, était tenue à pourvoir au service de la justice et à entretenir des soldats sur le territoire concédé. La concession ayant conservé le caractère féodal, le suzerain, c'est-à-dire le roi, percevait certains profits aux dépens de la compagnie : il retenait le *ressort*, la *provision des officiers de la justice souveraine* et, enfin, la *foi* et l'*hommage*. L'hommage était dû au moment de la concession et, de plus, à chaque avènement et devait être accompagné de l'*offrande*. Cette offrande n'était pas uniformément établie : elle variait suivant la compagnie. Un édit du 28 mai 1664 fixe l'offrande mise à la charge de la Compagnie des Indes occidentales à *une couronne d'or du poids de* 30 *marcs*.

Une autre source de dépenses venait de la clause qui enjoignait à la compagnie d'avoir à introduire dans la colonie un certain nombre de Français, de veiller à leur subsistance et de leur procurer, après un nombre d'années préventivement fixé, des lots de terre suffisants pour s'y établir eux et leurs familles. Enfin la compagnie prenait l'engagement de travailler au développement de la colonie et du commerce national.

La dépendance de la compagnie vis-à-vis du pouvoir royal demeurait malgré tout très étroite. L'intérêt de la royauté était d'étendre le plus possible son territoire d'outre-mer, étant en conflit avec celui des actionnaires, qui était de réaliser les plus gros bénéfices, nécessitant souvent l'ingérence du roi dans les affaires de la compagnie. Louis XIV dut souvent intervenir lui-même dans les assemblées d'actionnaires, et c'est ainsi qu'il tenta « par demandes successives paraissant chacune sans importance, mais s'enchaînant les unes aux autres, qu'il était impossible de refuser séparément, et dont il suffisait d'adhérer à la première pour que toutes celles qui suivraient dussent être inévitablement accordées » (1) d'imposer à la Compagnie des Indes orientales la colonisation de Madagascar. Il fut, il est vrai, obligé de décharger la compagnie de cette obligation.

Abandon par les compagnies des finances coloniales à l'autorité royale. — Les charges étaient en somme assez lourdes et, pour y subvenir, les compagnies se livrèrent à une exploitation à outrance des colonies, qui aboutit successivement à leur ruine.

Les nouvelles compagnies, qui se fondèrent alors, demandèrent au roi de leur permettre d'abandonner les droits seigneuriaux et de les décharger en même temps des obligations qui en étaient la contre-partie. Le caractère féodal de la concession disparaissait et, en même temps, naissait pour la royauté la nécessité de se créer des ressources nouvelles pour faire face aux charges qui devenaient les siennes.

De là la préoccupation de créer un système financier dans les colonies, avant même que leur administration fût rentrée sous la dépendance directe du gouvernement métropolitain. On peut dire que c'est par la question financière qu'a été préparée la solution plus générale de la colonisation officielle.

Le système adopté pour le régime financier colonial fut celui de l'assujettissement. Les colonies furent imposées sous les mêmes formes et suivant les mêmes modes que

(1) Pauliat, *Madagascar sous Louis XIV.*

la métropole. Au moyen de ces impôts le Trésor royal subvenait aux dépenses coloniales.

Il y avait pourtant quelque contradiction entre le fait d'assujettir la colonie aux impôts métropolitains et la théorie économique de l'ancien régime. Suivant le système dit du *Pacte colonial*, la colonie n'était autre chose qu'une ferme destinée à consommer exclusivement les produits de la métropole et à produire des matières premières réservées à leur tour à la consommation métropolitaine.

« Ce serait se tromper étrangement, dit une instruction royale, que de considérer nos colonies comme des provinces de France. Elles en diffèrent autant que le moyen diffère de la fin ; elles ne sont absolument que des établissements de commerce ; et pour rendre cette vérité sensible, il suffit d'observer que, dans le royaume, l'administration ne tend à obtenir une plus grande consommation qu'en faveur du sol national et que, dans les colonies, au contraire, elle n'affectionne le sol que dans la vue de la consommation qu'il opère. Cette consommation est l'objet unique de l'établissement, qu'il faudrait plutôt abandonner s'il cessait de remplir cette destination (1). »

Etant donnée cette conception économique, il semble qu'il n'eût pas été possible d'assujettir les colonies à la condition financière des provinces françaises, puisque si grande était leur différence, et qu'il eût été contraire à l'équité d'imposer à ces colonies une autre charge que la sujétion commerciale où elles se trouvaient. Il y avait là une contradiction théorique dont la royauté elle-même devait convenir. Aussi la même instruction déclare-t-elle que « un établissement destiné tout entier à la consom-

(1) Instruction royale du 25 janvier 1765 aux Gouverneurs et aux Intendants de la Martinique.

mation des produits du royaume ne devrait pas être imposé. Cependant l'épuisement du royaume a forcé sa majesté à faire contribuer les colonies aux dépenses intérieures qu'elles occasionnent ». C'est ainsi que le roi s'excusait lui-même de taxer ses sujets des colonies.

Et de fait, il faut reconnaître qu'il y était contraint par l'importance croissante des dépenses coloniales. Le trésor royal était, du reste, bien souvent forcé de subvenir aux impôts locaux, et sous l'administration directe de l'ancien régime aussi bien que sous la direction des compagnies le bilan colonial se soldait par un déficit à la charge du colonisateur. On voit que ce n'est point seulement d'aujourd'hui que les colonies apportent dans le budget de l'Etat une augmentation plus grande au chapitre des dépenses qu'à celui des recettes.

Application rigoureuse du système de l'assujettissement sous le gouvernement direct. — L'ancien régime établit donc le système financier des colonies sur les mêmes bases que celui de la métropole. De même que le roi seul avait le droit de lever les impôts en France, ce fut une prérogative exclusivement réservée au pouvoir royal que celle d'établir les taxes coloniales.

A partir du jour où les compagnies, ayant abandonné leurs droits seigneuriaux, ne devinrent plus que des entreprises commerciales, il fut interdit au directeur de la compagnie de s'immiscer dans les questions fiscales. Les gouverneurs étaient « chargés de surveiller la compagnie et de sauvegarder les droits de Sa Majesté ». A mesure que les colonies tombèrent sous l'autorité et l'administration directe de la Couronne, ce principe ne fit que s'affirmer davantage. La royauté fut soucieuse d'en assurer la stricte application. Elle ne consentait même pas à déléguer son pouvoir à ses agents coloniaux : un mémoire du roi du 25 septembre 1741 affirme très nettement sa volonté sur ce point : « Les gouverneurs et intendants des colonies n'ont point le pouvoir de faire des impositions sur les sujets de Sa Majesté, *c'est là un droit qu'elle ne communique à personne*. Il n'est même pas permis aux habitants des colonies, non plus qu'aux communautés du royaume de s'imposer eux-mêmes sans y être autorisés. En un mot, il n'y a que Sa Majesté qui puisse ordonner les impositions et contributions de toute nature et en régler l'ordre. Elle seule peut en établir de nouvelles, augmenter ou modérer les anciennes ou y faire d'autres changements. »

Les administrateurs coloniaux étaient chargés de rendre des ordonnances fixant les impôts à percevoir dans la colonie ; mais ces ordonnances devaient en tous points se conformer aux instructions royales.

Le mémoire de 1741, tout en affirmant très nettement l'autorité absolue du gouvernement royal en matière fiscale, se préoccupe pourtant de tenir compte de l'avis des colons eux-mêmes dans certains cas où ils peuvent être plus spécialement intéressés à la dépense projetée. Sans organiser, à proprement parler, une représentation coloniale, le mémoire recommande aux gouverneurs de convoquer, dans les cas prévus, une assemblée générale des intéressés et une réunion des notables d'entre eux. Ce texte est d'un grand intérêt, car il reconnaît une autorité officielle à la consultation locale, contrairement à la pratique constante de la royauté au siècle précédent et aux préceptes de Colbert.

Le refus de toute initiative locale à l'égard des impôts que devaient supporter les colonies était, en effet, une conséquence du principe de l'assujettissement. La colonie étant traitée comme une province française, il était naturel qu'on lui appliquât le régime de la majorité des provinces et non celui des pays d'Etat qui représentaient en France l'exception. De là l'absence même de consultation des colons par l'autorité royale.

La représentation coloniale ne pouvait exister, alors que la représentation locale en France avait été en fait supprimée par la monarchie qui s'était décidée à ne plus faire appel aux Etats généraux. C'est cette idée qu'exprime Colbert, dans une lettre adressée à M. de Frontenac, gouverneur du Canada, le 30 juin 1673 : « Il est bon d'observer que, comme vous devez toujours suivre dans le gouvernement de ce pays-là les formes qui se pratiquent ici, et que nos rois ont estimé du bien de leur service depuis longtemps, de ne pas assembler les Etats généraux du royaume, pour peut-être anéantir cette forme ancienne, vous ne devez aussi donner que très rarement et pour ainsi dire jamais cette forme au corps des habitants dudit pays. Il faudra même avec un peu de temps, lorsque la colonie sera devenue plus forte, supprimer insensiblement le syndic qui présente des requêtes au nom de tous les habitants, car il est bon que chacun parle pour soi et que personne ne parle pour tous. »

Premières atténuations à la rigueur du système. — Les Antilles. — Situation privilégiée de St-Domingue. — Mais le mouvement qui au XVIIIe siècle entraînait en France les esprits vers des idées plus libérales, s'étendit jusqu'aux colonies, et c'est ainsi que l'on vit apparaître en 1741 la consultation locale et en 1759 les premiers essais de représentation coloniale.

Encore toutes les colonies n'en bénéficièrent-elles pas. Les Antilles seules, qui jouirent toujours sous l'ancien régime, de faveurs spéciales, furent autorisées à créer des chambres d'agriculture et de commerce, chargées de sauvegarder les intérêts de ces colonies. Ces intérêts étaient représentés en France auprès du bureau de commerce par un député choisi par le secrétaire d'Etat de la marine sur la présentation de trois candidats par la chambre de la colonie.

Les réclamations des députés ne se bornèrent pas aux questions commerciales. Ils protestèrent aussi contre l'ignorance absolue où l'on tenait les habitants des colonies des questions fiscales. « J'ai toujours pensé, dit l'un d'eux, le président de Peinier, qu'il était juste d'instruire les colons et ceux qui contribuent aux impositions, de ce qu'elles rapportent à la caisse du roi ; c'est en quelque sorte alléger les charges que de mettre ceux qui sont obligés de les porter en état de connaître qu'elles ne sont que ce qu'elles ont dû être. »

S'inspirant de ces idées, l'ordonnance du 24 mars 1763 qui remplaçait les chambres d'agriculture et de commerce par des chambres dites seulement d'agriculture, décida qu'il serait donné communication à ces chambres des impositions et du montant des recettes. Elles pouvaient émettre des vœux à ce sujet. L'ordonnance leur accordait de plus un pouvoir de surveillance sur les gouverneurs et intendants en les autorisant à faire un rapport au ministre, sur la gestion de ces fonctionnaires à leur départ de la colonie. Il est vrai que leurs attributions en matière commerciale leur étaient, en même temps retirées. L'ordonnance de 1763 comme celle de 1759, était seulement destinée aux Antilles. On n'aurait pu trouver dans aucune autre colonie le semblant d'une représentation locale, si ce n'est aux Mascareignes, où, par les soins de la Compagnie des Indes, des assemblées de notables se réunissaient à des époques variables et envoyaient des députés en France. Cette situation, en apparence favorisée, des îles d'Amérique, tient à ce que ces colonies se trouvèrent, de bonne heure, sous la dépendance directe du pouvoir central alors que les autres étaient demeurées sous l'administration des compagnies concessionnaires. Mais, parmi les Antilles, St-Domingue se trouvait dans une situation toute privilégiée. Elle occupait, sous l'ancien régime, une place à part dans nos colonies et constituait une exception dans le système général de colonisation à cette époque. L'administration de cette colonie, qui a fait l'objet d'une remarquable étude de M. Chailley-Bert dans l'*Economiste français* (1), est un curieux exemple d'autonomie coloniale à une époque où l'assujettissement était si jalousement maintenu par le pouvoir royal.

Dès l'origine de cette colonie, la royauté ne demanda aux boucaniers qui en étaient les maîtres que la simple reconnaissance de sa suzeraineté. Puis, gouverneurs et intendants y furent envoyés, mais avec des instructions spéciales destinées à sauvegarder les garanties accordées aux colons de cette île. Parmi ces garanties, une des plus importantes était le droit reconnu à l'assemblée des notables de voter les impôts qui devaient être perçus à St-Domingue. Aussi les impôts étaient-ils fort peu nombreux ; la principale charge consistait dans des *octrois* consentis au Trésor royal par la colonie, à des époques irrégulières : ce n'était pas un impôt permanent. C'est ainsi qu'on peut

(1) Chailley-Bert, *L'administration d'une colonie sous l'ancien régime.*

lire dans le compte rendu d'une assemblée des notables, du 4 juin 1764, la discussion d'un octroi de plusieurs millions de francs que le roi priait les colons de St-Domingue de lui faire. Le nom d'octroi indiquait le caractère volontaire de ces taxes, par opposition aux mots d'impositions ou de droits du domaine employés dans les autres colonies.

La situation privilégiée de cette île justifiait sa prétention au titre de pays d'Etat. En fait, elle jouissait même d'une autonomie plus effective que les provinces de la métropole ainsi qualifiées. Elle constituait une sorte de petit Etat placé seulement sous la surveillance de la métropole. Choiseul se préoccupa, dans l'intérêt de cette colonie, d'établir sa législation sur des bases plus solides et plus certaines. Il créa, en 1761, une commission chargée de refondre les lois de l'île et d'en publier un recueil sous le nom de *Code de St-Domingue* ; ce projet ne fut point réalisé. En 1771, en abandonnant l'idée de les modifier, on décida de dresser seulement le recueil des lois en vigueur. Cette nouvelle tentative ne devait pas aboutir. Toutefois ces efforts devaient susciter une initiative privée, et c'est ainsi que fut écrit le livre encore aujourd'hui très intéressant à consulter de Moreau de St-Méry. Seulement cet auteur ne borna point son travail à l'île de St-Domingue, et publia un véritable code colonial sous le nom de *Lois et constitutions des colonies françaises de l'Amérique sous le vent.*

En résumé, si l'on excepte la colonie de St-Domingue, le système financier colonial sous l'ancien régime fut soumis au principe de l'assujettissement aux règlements financiers des compagnies d'abord, du gouvernement royal ensuite. C'est le régime du bon vouloir, tempéré aux Antilles seulement par un semblant de consultation des représentants locaux. Ce régime financier n'était, du reste, que le juste corollaire du régime économique qu'Adam Smith définissait ainsi : « celui qui oblige les colons à acheter à la métropole toutes les marchandises d'Europe dont ils peuvent avoir besoin et à lui vendre la totalité de leurs produits surabondants ».

Il semble pourtant que ce monopole de l'échange eût dû dispenser les marchandises échangées de tout paiement de droits. Mais il n'en fut rien et des taxes, tant à l'entrée qu'à la sortie, furent établies en France et aux colonies.

Toutefois la rigueur du Pacte colonial tend à s'affaiblir dès le début du XVIIIe siècle.

Un règlement de 1717, dû à l'influence de Law, supprime les droits sur les marchandises françaises destinées aux îles, tandis qu'il diminue les taxes sur les produits de ces îles réservés à la consommation française. Il décide de plus que les denrées coloniales, amenées en France, pourront en ressortir moyennant un droit de 3 0/0.

Réformes libérales à la fin de l'ancien régime. — Du reste l'ancien régime devait peu à peu céder aux nouvelles tendances qui prenaient de jour en jour plus de force. Le principe d'une représentation coloniale devait bientôt apparaître pour s'affirmer aux derniers jours de l'ancienne monarchie. Nous avons vu les essais tentés dans ce sens par les ordonnances de 1759 et de 1763.

A cette époque, de nombreux esprits étaient en France favorables à l'idée d'une indépendance coloniale relative. Turgot, dans son mémoire au roi, sur la guerre d'Amérique, compare les colonies à « des fruits mûrs qui se détachent de l'arbre » et leur donne le nom d' « Etats amis protégés si l'on veut, mais étrangers et séparés ».

D'autre part, ces théories trouvaient aux colonies d'ardents défenseurs. « Les colonies, déclare Dubuc, député de la Martinique, n'ont pas été fondées par et pour la métropole, comme le dit l'Encyclopédie. Les colons sont allés de leur propre mouvement, sans avis de la métropole et par conséquent *sans condition*, occuper le sol des colonies. Ils y ont prospéré, non pas grâce à l'exclusif fondé par Colbert, mais malgré lui. Ils n'ont donc ni pacte, ni reconnaissance qui les lient à la métropole et les obligent à travailler pour elle. »

En 1777, un mémoire du roi recommande de soumettre les états de répartition à l'assemblée des habitants de la Guadeloupe ; c'était une extension apportée aux attributions accordées à cette assemblée, en matière financière, par l'ordonnance de 1763. On retrouve cette recommandation dans un autre mémoire du roi du 20 mars 1784.

Enfin le principe de la représentation coloniale fut confirmé et étendu par l'ordonnance du 17 juin 1787, qui créa des assemblées coloniales à la Martinique et à la Guadeloupe. Ces assemblées remplacèrent les anciennes chambres d'agriculture dont elles virent augmenter, à leur profit, les attributions en matière économique et financière. Elles fixaient l'assiette et effectuaient la répartition de l'impôt.

Ainsi l'ancien régime abandonnait le système de l'assujettissement, en même temps qu'il organisait dans toute la France la représentation provinciale, à la veille du jour où il allait lui-même disparaître. Mais il n'en faut pas conclure que, même en cette dernière période, le pouvoir royal ait jamais renoncé à son autorité et à son contrôle, en matière financière, à l'égard des colonies.

De tout temps, le principe fut maintenu et affirmé, maintes fois, dans les instructions royales qu'aucune recette ne pouvait être effectuée, ni aucun emploi fait de cette recette, sans l'autorisation royale. Les états dressés et arrêtés, en théorie par le roi lui-même, devaient recevoir une stricte application. Lorsque l'ordonnance du 15 septembre 1741 prévoit la nécessité d'une consultation locale, elle commence par déclarer que nulle autorité ne peut se substituer à celle du roi, et si elle admet, dans certains cas, l'initiative des colons ou de leurs représentants, elle n'en maintient pas moins, dans ces cas eux-mêmes, le principe qu'elle défend contre tout empiétement. C'est dans ce sens qu'elle ajoute : « Lorsqu'il est question de faire quelque établissement soit pour l'ornement ou les commodités d'une colonie, soit même pour sa défense, et que les dépenses doivent être supportées par les habitants, les gouverneurs et les intendants doivent, dans ce cas, convoquer une assemblée de tous ceux qui y sont intéressés ou des notables d'entre eux, afin d'arrêter le projet de l'établissement dont il s'agit et de pourvoir aux fonds qui y sont nécessaires par une délibération qui doit être autorisée par le Gouverneur et l'intendant. L'exécution de cette délibération *quoiqu'ainsi autorisée doit être suspendue jusqu'à ce que* sur le compte que le Gouverneur et l'intendant doivent en rendre, Sa Majesté ait *jugé à propos de l'ordonner*, à moins que l'objet ne se trouve si pressé qu'ils ne puissent point attendre les ordres de Sa Majesté et qu'ils soient dans la nécessité d'y pourvoir sans retardement. »

Les impôts aux colonies sous l'ancien régime. — Le régime financier des colonies étant ainsi dégagé dans ses grandes lignes, il convient de dire quelques mots des contributions qui pouvaient être supportées, à cette époque, par ces colonies.

Nous savons que, sous le régime des compagnies privilégiées, aucune réglementation n'était intervenue en cette matière, le Trésor royal se contentant de percevoir l'offrande et les droits mis par l'acte de concession à la charge de la compagnie, sans se préoccuper de savoir par quel moyen celle-ci pouvait subvenir au paiement de ces droits. Et lorsque le roi, ainsi que nous l'avons vu faire par Louis XIV pour Madagascar, voulait imposer aux actionnaires une nouvelle charge, il leur laissait le choix des moyens pour se créer des ressources. Celles-ci étaient, du reste, obtenues, en principe, par les bénéfices résultant pour la compagnie du commerce colonial.

Lorsque l'Etat prit à sa charge les dépenses des colonies, il se défendit également en principe d'imposer aux colons le paiement de contributions. Nous avons vu une instruction royale (1) déclarer qu'un établissement destiné tout entier à la consommation des produits du royaume ne devrait pas être imposé.

Mais étant donné que les dépenses occasionnées par les colonies sont toujours supérieures aux profits que le Trésor royal peut retirer de leur possession, le roi est obligé d'avoir recours à des impôts. De là l'origine et la justification de l'établissement de contributions aux colonies.

« Sa Majesté est persuadée, dit une lettre du Ministre de la marine du 22 mars 1765, qu'il serait à souhaiter qu'on pût se dispenser de lever des impôts dans les colonies, parce que le produit est une diminution d'autant

(1) Instructions du 25 janvier 1765.

plus pour les cultures ; mais les dépenses indispensables pour mettre les colonies dans le meilleur état de défense possible ne le permettant pas, il est de toute nécessité que chacune d'elles contribue aux moyens que Sa Majesté emploie pour cela. »

Des impôts furent donc établis aux colonies par le gouvernement royal. Le système colonial de l'ancien régime devait entraîner aussi, sur ce point, l'application des règles en vigueur dans la métropole. Les impôts furent sensiblement les mêmes aux colonies qu'en France et soumis, du moins au début, au même mode de recouvrement, c'est-à-dire au système de la ferme. L'acte de concession de la ferme des Indes occidentales passé en 1675 avec le sieur Jean Oudiette, concessionnaire, nous donne tous les détails de cette organisation fiscale. C'est en quelque sorte le transport des droits et des charges de la compagnie à un concessionnaire qui diffère seulement de la première en ce qu'il n'assume point les devoirs d'un colonisateur. Il s'engage seulement à pourvoir aux dépenses nécessaires à l'entretien et à la fortification des colonies et au remboursement des dettes de l'ancienne compagnie. En compensation il obtient le privilège de percevoir dans la colonie les impôts et les droits seigneuriaux. Nous connaissons déjà ces derniers, il nous reste à dire quels étaient les impôts proprement dits.

Les impôts directs se composaient d'une capitation sur les esclaves et d'un droit de 5 0/0 sur les loyers des villes, sur les cabarets et quelquefois sur d'autres locaux industriels. Mais il n'existait point d'impôt foncier, cet impôt étant considéré comme nuisible au développement de la culture. Il était remplacé par la taxe sur les esclaves. Et lorsque, plus tard, cette capitation eut été supprimée, la défaveur de l'impôt foncier ne permit point d'y avoir recours ; on préféra s'adresser à une contribution indirecte. C'est ainsi qu'une ordonnance d'un administrateur de la Martinique du 29 juillet 1763, remplaça la taxe sur les esclaves par un droit de sortie sur les denrées coloniales. Cette mesure fut confirmée dans la même île par les arrêtés pris pendant la période de domination anglaise, et ce droit subsiste encore aujourd'hui (1).

Parmi les impôts indirects, on trouvait les droits de douane, à savoir :

Un droit de 3 0/0 sur les marchandises coloniales à leur arrivée dans les ports français, et un droit de 1 0/0 sur les marchandises exportées, quelle que soit leur destination.

Un droit d'entrée de 10 0/0 sur les marchandises importées aux colonies fut l'origine de l'octroi de mer perçu de nos jours au profit des communes.

Le système de la ferme présentait le même inconvénient que l'administration financière confiée antérieurement aux compagnies et compromettait l'avenir de nos colonies en les livrant à la merci de fermiers peu scrupuleux et seulement soucieux de réaliser d'importants bénéfices sur le prix de leur ferme. Aussi les impôts coloniaux cessèrent-ils d'être affermés en 1733. Le recouvrement en fut confié à des agents placés sous la dépendance directe des intendants.

Il fut fait deux parts des impôts, les uns perçus au profit du Trésor royal, les autres au profit de la colonie, correspondant aux deux sortes de dépenses que l'un et l'autre prenait à sa charge.

(1) *Journal officiel.* Documents annexes. Sénat. Session ordinaire, 1888, p. 43, rapport de M. Isaac, sénateur.

Les impôts que nous venons d'énumérer étaient versés au Trésor royal qui devait subvenir à toutes les dépenses militaires et d'organisation nouvelle. Les droits seigneuriaux étaient abandonnés à la colonie pour être affectés aux dépenses intérieures et d'entretien. En réalité, à ce titre-là, le Trésor royal avait encore à intervenir ; car, lorsque les produits des droits seigneuriaux étaient insuffisants, la colonie était autorisée à tirer des *traites* sur le Trésor royal et les colonies ne se faisaient point faute d'y avoir recours. Les abus devinrent tels, qu'un avis du Conseil d'Etat du 15 octobre 1759 dut intervenir et décider que ces traites ne pourraient être tirées que sur des objets à l'avance déterminés.

Il y avait encore d'autres impôts établis aux colonies, mais avec affectations spéciales et variant suivant les colonies où ils étaient perçus. Tels étaient les droits curiaux destinés à pourvoir aux frais des pensions ecclésiastiques, les droits de poste et d'affranchissement dont le produit était affecté aux hôpitaux, les droits sur les esclaves justiciés, dont le montant devait rembourser les propriétaires de la perte de leurs esclaves condamnés.

Ces différentes taxes avaient un caractère plus particulièrement local. Aussi l'établissement et la répartition en étaient-ils abandonnés au Conseil supérieur qui, de plus, devait en surveiller la perception et exerçait un contrôle sur la comptabilité tenue au sujet de ces taxes.

Telles étaient les charges imposées aux colonies sous l'ancien régime ; elles n'étaient pas, en définitive, excessives, et les colons ne supportaient point la totalité des dépenses qu'ils nécessitaient. Au XVIIIe siècle comme aujourd'hui, les deniers métropolitains servaient à combler le déficit colonial. « Les habitants de la Martinique seront eux-mêmes convaincus (de la nécessité d'une contribution) lorsqu'ils sauront que Sa Majesté a fait passer 1.675.067 livres pour former la balance de la recette avec les dépenses nécessaires dans le courant de cette année. Rien n'est plus propre à leur prouver combien Sa Majesté a à cœur de ne pas les surcharger, en même temps que, malgré l'état fâcheux de ses finances, elle a destiné une somme aussi considérable qu'elle a fait tirer de la Caisse de France (1). » L'imposition royale pour cette année-là à la Martinique, s'éleva à 1.276.158 livres, chiffre encore inférieur à ce qu'avait dû fournir le Trésor royal.

Si on excepte les droits seigneuriaux, qui constituaient aux colonies comme en France un obstacle au développement agricole et aussi à l'expatriation puisque « le paysan français devait retrouver au delà des mers toutes les charges dont il supportait le poids dans la mère patrie » (2), il faut reconnaître que la situation des colons n'était point rendue trop difficile par le système fiscal à la fin de l'ancien régime.

Conclusion. — En résumé, à cette époque, l'administration coloniale se perfectionne par la combinaison de la représentation locale avec le principe de l'autorité métropolitaine. Les colonies envoient des députés à Paris pour défendre leurs intérêts ; leurs impôts sont soumis à l'approbation de leurs assemblées, et leurs dépenses sont supportées en grande partie par la métropole. Il semble que leur situation ne puisse qu'être prospère. Malheureusement

(1) Lettre du Ministre de la marine du 22 mars 1765.
(2) Leroy-Beaulieu, *Colonisation chez les peuples modernes*, 1re partie, livre 1, p. 151.

il leur faut subir les désastreuses conséquences d'un régime économique qui entraînera leur ruine. « Les colonies françaises ont pu avoir des lois qui convenaient au milieu et des administrateurs à la hauteur de leur tâche, elles ont succombé sous le régime économique qui était sorti de l'antinomie prétendue de leurs intérêts et des intérêts de la métropole (1). »

Mais lorsque l'on étudie comme nous l'histoire coloniale au seul point de vue administratif et financier, il convient de louer le soin que l'ancien régime a apporté dans l'organisation administrative et le régime fiscal de ses colonies. « Pendant deux siècles nos rois ont créé, développé, exploité un puissant empire colonial et, quoique la partie de beaucoup la plus intéressante de leur politique soit celle qui concerne la fondation et le peuplement des colonies, néanmoins leur administration et leur législation nous offrent aussi des exemples et des enseignements qu'on ne peut que gagner à méditer (2). »

SECTION II

RÉVOLUTION.

La politique coloniale durant la période révolutionnaire est dominée par un seul principe, celui de l'assimilation. Mais, de ce principe, chacune des constitutions qui se sont succédé pendant cette période, a fait des applications différentes, apportant dans cette œuvre les caractères et les tendances de son esprit. Il nous les faut donc distinguer,

(1) Chailley Bert, *L'administration d'une colonie sous l'ancien régime.*
(2) Chailley Bert, *id.*

tout en ne perdant pas de vue que les différences qui les séparent ne sont que les conséquences successives d'une politique constante.

A. — *Assemblée constituante.*

Principe de l'assimilation. — Caractère libéral de son application en matière financière. — La Constituante qui accueillit dès les premiers jours des députés coloniaux parmi ses membres (les députés de St-Domingue furent admis à siéger le 4 juillet 1789, ceux de la Martinique le 14 octobre et ceux de la Guadeloupe le 7 juillet 1790), devait être amenée à s'occuper de la situation des colonies dans leurs rapports avec la métropole.

Le système de l'assimilation était en harmonie avec l'idéal d'égalité et d'uniformité qui avait inspiré les institutions révolutionnaires. Il devait donc être adopté par la Constituante qui le proclama en ces termes, dans le décret du 8-10 mars 1790 : « Les colonies sont considérées comme une partie de l'Empire français et jouiront de l'heureuse régénération qui s'y est opérée. »

Mais sous l'influence d'un libéralisme exempt de toute contrainte, tel que le professait la Révolution à son origine, et pour bien marquer aussi l'abandon de la politique coloniale de l'ancien régime, le même décret ajoute aussitôt : « L'assemblée n'a cependant jamais entendu comprendre les colonies dans la constitution qu'elle a décrétée pour le royaume, et les *assujettir* à des lois qui pourraient être incompatibles avec leurs convenances locales et particulières. »

Le principe de l'assimilation était donc posé, mais son application renvoyée à une constitution coloniale distincte de celle de la métropole. Du reste, les colonies étaient autorisées par le décret du 28 mars-9 avril 1790 à intervenir dans la préparation de cette constitution, « à faire connaître leurs vœux sur la constitution, la législation et l'administration qui leur conviennent ». Ces mesures étaient, on le voit, très libérales. Le projet de constitution conserva le même caractère. Il fut adressé, sous forme d'instruction, d'abord à l'île de St-Domingue par le décret du 15 juin 1781, puis aux autres colonies par celui du 28 septembre. L'assimilation y était, dans la forme, nettement établie : chaque colonie devenait un département, divisé en districts, cantons, municipalités comme les départements français. Mais, dans ce cadre, toute latitude était laissée aux colons, pour se mouvoir à leur fantaisie. L'instruction autorisait les assemblées coloniales à exécuter les décrets rendus par la Constituante, pour le royaume ; mais elle leur laissait aussi la liberté de modifier ces décrets ou de ne les appliquer qu'en partie. Les seules formalités qu'elles eussent à remplir, afin de pouvoir prendre un de ces divers partis, étaient d'obtenir d'abord l'approbation du gouverneur, puis de soumettre la déclaration ainsi approuvée au vote de l'assemblée constituante et à la sanction du roi. Ainsi, sous la réserve de ces trois autorisations, les colons étaient en somme maîtres chez eux. Une très grande rigueur dans la forme, beaucoup de liberté au fond, ce double caractère de l'œuvre coloniale de la Constituante se retrouve dans le régime financier.

Tout d'abord la métropole, ainsi qu'elle l'avait à maintes reprises exprimé sous la monarchie, se défend de vouloir chercher dans ses colonies une source de revenus budgétaires et tient à légitimer les impositions coloniales en les représentant comme la juste compensation des dépenses occasionnées par ses possessions elles-mêmes :

« La France, dit l'instruction du 28 mars 1790, à qui les lois du commerce avec les colonies doivent assurer avec avantage le dédommagement des frais qu'elle est obligée de soutenir pour les protéger, ne cherche point dans leur possession une ressource fiscale. Leurs impositions particulières se borneront aux frais de leur propre gouvernement. »

Pourtant il semble que l'assimilation des colonies aux départements français ait dû suffire à expliquer les impositions coloniales, les colonies « cessant d'être de simples fermes » (1) pour être considérées comme des parties mêmes de la France, il devenait naturel qu'on leur fît supporter une part des impôts. Mais le législateur de la Constituante tenait à donner aux colons l'assurance qu'il ne leur ferait pas payer l'honneur d'être comptés parmi les citoyens français, en augmentant leurs charges. Il demeurait établi que les contributions, aux colonies, devaient seulement pourvoir aux dépenses locales.

En même temps, le caractère libéral de la législation nouvelle était affirmé par la même instruction de 1790. « Les colonies proposeront elles-mêmes l'établissement et la mesure de leurs impositions. » L'initiative la plus complète était donc abandonnée aux colons, à la seule condition d'établir la balance entre les recettes et les dépenses.

Toutes les impositions coloniales en leurs détails dérivent de ce principe. Elles se divisent en deux groupes : contributions *fixes* et contributions *variables* : chaque groupe correspondant à un ordre *différent* de dépenses. Les contributions *fixes* ont pour objet de faire face aux dépenses de gouvernement et de protection de la colonie en temps

(1) Rapport de M. Isaac.

de paix. Chaque année le Corps législatif en décrète le montant : mais les assemblées coloniales sont autorisées à adresser à Paris des instructions constatant les modifications survenues dans les dépenses et, par suite, proposant une augmentation ou une diminution d'impôts. Le *mode* d'imposition rentre toujours parmi les attributions des assemblées coloniales dont les délibérations sur ce point doivent être approuvées par le Gouverneur de la colonie.

Les contributions *variables* sont celles que nécessitent les dépenses purement locales de la colonie, ainsi que celles des districts, cantons et municipalités. Le Corps législatif intervient encore ici par un vote annuel, mais il ne fixe plus le montant exact des recettes, comme pour les contributions fixes : il se contente d'établir un maximum, sur la demande même des assemblées locales, à qui il appartient de fixer la quotité de l'impôt dans les limites de ce maximum. Le mode d'imposition est également ici laissé à la délibération des autorités locales. La sphère d'attribution de ces dernières est donc encore plus étendue en ce qui concerne les contributions variables.

Toutes les impositions coloniales rentrent dans l'un ou l'autre de ces groupes. Il est à remarquer qu'il n'est question à aucun titre d'un contingent colonial à verser dans le trésor métropolitain. Cela eût été, en effet, contraire au principe qui limitait les impôts aux dépenses : les dépenses du gouvernement se trouvant compensées par les contributions fixes sans venir augmenter les dépenses métropolitaines.

Défauts pratiques du système. — Mouvement séparatiste aux colonies. — En résumé, en matière financière comme sur les autres points, malgré les apparences d'une assimilation complète, le pouvoir central se trouvait réduit au rôle d'« exécuteur des volontés locales ». De là une trop grande liberté abandonnée aux assemblées coloniales.

Cette assimilation même théoriquement exagérée, constituait un autre danger, étant donné l'état social des colonies et la question de l'esclavage amenant la lutte entre les colons et le législateur. Ainsi les deux grands principes qui avaient dominé l'œuvre coloniale de la Constituante, l'assimilation et le respect des libertés locales, devaient fatalement se heurter l'un l'autre, tout en concourant à faire naître chez les colons le désir de l'indépendance. Après avoir bénéficié des bienfaits du nouveau régime qui accroissait leurs libertés, les colons voulurent désormais s'opposer à toute mesure impliquant l'ingérence du gouvernement métropolitain dans leurs affaires locales. On peut s'en apercevoir dès le commencement de l'année 1791. A cette époque, on se préoccupait de la création d'un ministère spécial des colonies qui eût été chargé des rapports avec nos possessions, autant dans l'intérêt de ces dernières que dans celui de la métropole. Lorsque le projet vint en discussion à l'Assemblée, les députés coloniaux le combattirent énergiquement, le considérant comme attentatoire aux libertés des colonies. Ce fut à la suite d'un discours prononcé par Moreau de St-Méry, député de la Martinique, et Barnave, que le projet fut repoussé. L'autorité centrale tint pourtant à sauvegarder le droit de contrôle permanent du pouvoir législatif sur les affaires coloniales et le décret du 27 avril 1791 chargea le Ministère de la Marine de ce contrôle : « Le Ministère de la Marine rendra compte chaque année, au Corps législatif, de la situation des colonies, de l'état de leur administration en particulier et de l'accroissement de leur culture et de leur commerce. »

Cette escarmouche n'était que le prélude de luttes plus vives que devaient désormais soutenir les colons contre la mère-patrie. La Révolution qui avait proclamé l'égalité de tous les citoyens français ne devait pas voir avec faveur le maintien de l'esclavage dans les départements d'outre-mer. Les colons, au contraire, avaient un intérêt capital à ne pas être privés de ce qu'ils considéraient comme leur droit le plus précieux et le plus intangible. L'Assemblée de St-Domingue l'affirma dès le début en condamnant une personne « coupable d'avoir dit que l'esclavage était contraire au droit naturel ».

Les habitants des colonies devaient donc être naturellement portés à combattre les principes d'égalité et d'assimilation. La Constituante eut la prudence de le comprendre et de ne pas intervenir dans la question de l'esclavage.

Non contents de cette abstention du pouvoir central, les colons voulurent tirer de l'état social, particulier aux colonies, des conséquences législatives et administratives.

En premier lieu, ils déclarèrent ne pas tenir à la représentation de leurs intérêts au sein du Corps législatif. Cet abandon du droit d'élire des députés à Paris, qui ressemble tout d'abord à un acte de soumission, cachait au contraire des projets d'indépendance. En effet, du moment que les colonies n'étaient plus représentées, le Corps législatif n'avait plus à se préoccuper des lois réglant le régime intérieur de ces colonies : « attendu, dit Barnave, qui s'était chargé de présenter leurs vœux à la Constituante, qu'aucun Français n'est tenu à exécuter que les lois qu'il a faites par lui ou ses représentants. » C'était là un moyen habile de se soustraire à l'autorité centrale.

Abordant, en second lieu, la question de l'état des personnes, le même orateur demande que « tout ce qui concerne la situation des personnes non libres ou affranchies, soit remis aux assemblées coloniales dont les délibérations seront soumises seulement à la sanction du roi, sans qu'il leur soit besoin d'obtenir l'autorisation du Corps législatif ». Et, après une longue et vive résistance, malgré les discours de Rewbell, de Pétion et de Robespierre, les colonies remportèrent cette nouvelle victoire, sanctionnée par le décret du 24 septembre 1791.

Que devenait cette assimilation dont le principe avait été si nettement formulé en 1789 ? Que faisait-on de l'égalité que la Révolution avait rêvé d'imposer à l'humanité entière ?

Par la faiblesse de la Constituante, par l'excès même de son libéralisme, les colonies se détachaient peu à peu de la métropole, prêtes à déclarer leur indépendance. Il était de toute nécessité d'opposer une barrière à ce mouvement qui détachait de nous nos possessions. C'est dans ce sens que la Législative et la Convention tentèrent des efforts pour soumettre cette « Vendée d'outre-mer », comme on a pu appeler nos colonies d'alors. Malheureusement les événements extérieurs, en rendant plus difficile l'application des mesures prises contre elles par un gouvernement préoccupé de se défendre de tous côtés, devaient précipiter la ruine de notre empire colonial.

B. — *Assemblée législative et Convention.*

Extension rigoureuse du principe de l'assimilation au régime financier. — Influence contraire des événements extérieurs. — A partir de l'Assemblée législative, on assiste à une réaction en faveur de l'application logique et de plus en plus stricte du principe d'assimilation posé par la Constituante.

Des commissaires civils sont envoyés par l'Assemblée dans les colonies, ayant tous pouvoirs sur les autorités locales ; puis un décret du 28 mars 1792, revenant sur celui du 24 septembre 1791 qui réservait les questions d'état des personnes aux assemblées locales, déclare que l'égalité politique sera accordée à tous les citoyens *libres* sans distinction de couleur. Le même décret maintient le principe de la représentation coloniale : l'application en est faite par celui du 28 août 1792 qui règle le nombre de sièges accordé aux colonies dans la Convention nationale qui va être élue. St-Domingue obtient 18 députés, la Guadeloupe 4 et la Martinique 3 ; tandis que Bourbon, l'Ile-de-France et l'ensemble des colonies de l'Inde en élisent chacun 2 et que 1 siège est réservé à Tabago, à Ste-Lucie, à la Guyane, ce qui porte à 34 le nombre des députés coloniaux.

La question de l'esclavage était encore ajournée par le décret du 11 août 1792 qui, tout en supprimant la prime accordée à la traite des noirs, ne l'abolissait point. La Convention commença par édicter des mesures plus sévères contre cette traite par le décret du 27 juillet 1793.

Enfin, rien ne s'opposait plus désormais, théoriquement du moins, à l'assimilation complète des colonies. Nous verrons pour quelles causes, en réalité, les résultats furent différents. Les décrets des 17 et 27 thermidor de l'an III, reproduits dans la constitution du 5 fructidor, entreprirent donc de réaliser l'assimilation financière plus complètement que n'avait su le faire la Constituante.

Dans les colonies sont constituées des *Agences* à la tête desquelles se trouvent des *agents* coloniaux représentant l'autorité centrale. Il y a 3 agents pour St-Domingue, 3 pour la Guadeloupe et les autres Iles du Vent, 1 pour la Guyane, les autres colonies étant au pouvoir de l'Angleterre, comme la Martinique, ou en révolte ouverte, comme la Réunion. Les contributions sont fixées pour l'*Agence* par le Corps législatif. Le budget colonial est étroitement rattaché au budget de l'Etat. Les crédits sont ouverts dans chaque agence par le Directoire exécutif et imputés sur le crédit du ministère de la marine au chapitre des dépenses coloniales (art. 52). Le produit en est affecté, à mesure, aux dépenses courantes.

Les impositions se retrouvent aux colonies les mêmes qu'en France. On y perçoit des contributions directes, l'impôt des patentes, des droits de timbre et d'enregistrement, de crédit des biens nationaux, des droits de bacs et passages d'eau.

La séparation entre les dépenses publiques et les dépenses locales était nettement établie, chaque agence était tenue de les faire distinguer et l'article 53 déclare que les dépenses locales ne peuvent sous aucun prétexte être acquittées sur les produits affectés aux dépenses publiques. Pour subvenir aux dépenses locales, les agences peuvent autoriser les administrations cantonales et municipales à percevoir des *centimes additionnels* au principal des contributions directes et à les répartir à raison de leurs besoins.

Enfin des ressources extraordinaires étaient prévues sous la forme d'*emprunts* dans le cas où les fonds mis à la disposition des agents seraient insuffisants. D'après l'article 54, ces emprunts ne pouvaient dépasser le 1/6 du revenu brut de chaque particulier et le remboursement devait en être prélevé sur les impositions des années suivantes.

C'était, on le voit, une organisation financière complète, entièrement calquée sur celle de la métropole. La politique d'assimilation triomphait ainsi sur tous les points. Le décret du 11 septembre 1793 avait réalisé l'assimilation douanière.

A l'unanimité la Convention décida que tous les droits de douane que la Constituante avait déjà notablement diminués le 22 juin 1791, seraient désormais supprimés tant à l'entrée qu'à la sortie, en France et aux colonies, toutes terres françaises devant être soumises au même régime douanier. « Le commerce des colonies est un commerce entre frères, un commerce de la nation avec une partie de la nation. »

Après l'abolition de l'esclavage le 16 pluviôse an II et l'extension du régime financier français aux colonies par les décrets de thermidor an III, il ne restait plus qu'à affirmer le système d'assimilation en un principe constitutionnel. Ce fut l'œuvre de la Constitution de l'an III, qui déclare dans son article 6 que « les colonies françaises sont parties *intégrantes* de la République et sont soumises à la même loi constitutionnelle ».

Les applications de ce principe furent encore développées en matière fiscale par la loi du 12 nivôse an VI, qui étendit aux colonies tous les impôts perçus en France avec les diverses modifications qui y venaient d'être apportées. C'est ainsi qu'elle appliqua aux colonies la loi du 4 thermidor an III modifiée encore en l'an IV, sur l'impôt des patentes.

Mais cette politique coloniale, conséquence si logique d'une théorie complète issue des principes mêmes de la Révolution, ne devait point en voir réaliser les effets pratiques. La séparation était plus que jamais effective entre les colonies et la France, au moment même où cette dernière les considérait comme parties intégrantes de son territoire.

Les Anglais s'étaient emparés de la Martinique, de Ste-Lucie, de la Guadeloupe en mars et avril 1793, de Pondichéry le 21 août de la même année. Celles qui étaient encore libres n'entretenaient des rapports avec la mère-patrie qu'à la condition de ne point subir son intervention. Lorsque la Guadeloupe recouvra sa liberté, ce fut pour tomber sous le gouvernement de Toussaint Louverture « le Bonaparte des noirs », et non pour rentrer sous celui de la métropole.

Conclusion. — En résumé, le système colonial de la Révolution fut un des plus rationnels et des plus logiques que l'on ait pu imaginer. Il partagea les défauts communs aux diverses institutions de cette époque dominées par la préoccupation trop constante d'une perfection théorique, pour être en complète harmonie avec les nécessités pratiques. Enfin, il ne peut être qu'imparfaitement jugé, les applications n'en ayant jamais pu être assez complètement expérimentées.

SECTION III

CONSULAT ET EMPIRE.

Retour à la politique de l'assujettissement. — Abandon financier des colonies. — Ruine de notre empire colonial. — Les assemblées révolutionnaires s'étaient préoccupées d'étendre aux colonies les bienfaits d'une assimilation qui élevait tous leurs habitants au rang de citoyens français. Loin de leur en être reconnaissants, les colons avaient hautement et violemment protesté contre la séparation qui devait subsister entre leurs intérêts et ceux de la métropole.

Le consulat voulant mettre la leçon à profit, adopta une politique coloniale toute de réaction et entreprit de rétablir le système de l'assujettissement qui fut appliqué sous ce gouvernement et sous l'Empire avec une rigueur qu'il n'avait point atteinte sous l'ancien régime.

Ce système, qui peut se justifier pendant la période de conquête et de formation des colonies, semblait répondre aux nécessités d'une politique qui, en l'an VIII, paraissait désireuse de reconstituer notre empire colonial. Mais si le premier consul dirigea une partie de ses efforts vers nos possessions d'outre-mer dont il réussit à augmenter le nombre à la paix d'Amiens, l'Empereur abandonna complètement cet ordre de préoccupation et le caractère odieux du régime de l'assujettissement ne fit que précipiter et consommer la ruine de nos colonies.

Le soin de traiter désormais les colonies comme des parties distinctes du territoire français, apparaît dans la constitution même du 22 frimaire an VIII, qui déclare que « le régime des colonies sera déterminé par des lois *spéciales* » article 91. La législation métropolitaine cesse donc d'être en même temps applicable aux colonies. Et ces dernières ne vont pas gagner à cette séparation qu'elles réclamaient elles-mêmes. Si on ne leur impose pas les lois françaises, c'est pour les traiter plus sévèrement encore, en *possessions* et non plus en départements français.

Dès l'an VIII, toute représentation leur est enlevée dans les assemblées de la métropole : elles n'ont plus le droit d'élire des députés. Les affaires coloniales se traitent toutes au service de l'administration des colonies, service dépendant du ministère de la marine, mais placé sous la direction spéciale d'un conseiller d'Etat (Loi du 5 nivôse an VIII, article 7).

Quant aux assemblées coloniales, elles vont être elles-mêmes bientôt supprimées par l'arrêté consulaire du 29 germinal an XI, qui réorganise l'administration coloniale sur des bases toutes nouvelles. S'inspirant de l'organisation administrative dont il venait de doter les départements français, en l'aggravant par la suppression de l'apparence même de représentation locale, le premier consul décida que l'administration serait confiée dans chaque colonie à trois agents : *un capitaine général, un préfet colonial et un commissaire de justice* ou *grand juge*. Chacun de ces agents avait des attributions distinctes, et la séparation de leurs services était nettement établie. Le capitaine général représentait l'autorité métropolitaine et jouait à peu près le rôle de l'ancien gouverneur lieutenant général. La direction des affaires civiles était partagée entre le préfet et le commissaire de justice. Mais il était fait interdiction absolue à ces deux fonctionnaires d'empiéter, en quoi que ce soit, sur leurs attributions respectives. Au préfet colonial appartenait l'administration civile et la haute police. Il devait maintenir l'ordre dans la colonie et pouvait, dans ce but, faire appliquer des *règlements* provisoires, à condition d'avoir obtenu l'approbation préalable du capitaine général. De son côté, le commissaire de justice était autorisé à faire des règlements, ayant toujours le caractère provisoire, mais sur les matières de sa compétence, c'est-à-dire toutes les affaires judiciaires et financières. Recommandation lui était faite de « ne pas s'écarter, dans ses règlements, de l'esprit des lois de la métropole ».

C'était de lui que relevaient, en même temps que toutes les questions de procédure, celles concernant l'établissement et le recouvrement des impôts. Il était juge des réclamations en matière fiscale et surveillait la comptabilité des dépenses.

Toute l'autorité étant réunie entre les mains des agents du gouvernement et divisée de telle sorte que l'indépendance de ces agents à l'égard les uns des autres puisse être un moyen de surveillance réciproque, la colonie se trouvait donc traitée en véritable sujette de la métropole.

Pourtant, ce régime d'autorité et de rigueur ne pouvait être efficace qu'à la condition d'abandonner au principal représentant du gouvernement dans la colonie un pouvoir propre, dans le cas où les circonstances empêcheraient les ordres du pouvoir central d'arriver à temps. Aussi le capitaine général fut-il, en cas d'urgence, autorisé à « surseoir aux lois et règlements existants ». C'était une initiative bien dangereuse laissée aux capitaines et dont ils ne devaient point se faire faute d'user. Seulement, au lieu de s'inspirer des désirs et des tendances du gouvernement qu'ils représentaient, ils légiférèrent bientôt dans un sens contraire aux lois de la métropole, afin d'augmenter leur pouvoir en se séparant d'elle.

Ainsi, de l'excès même de l'autorité laissée aux agents envoyés par la métropole, conséquence nécessaire du système de l'assujettissement, devait naître une séparation plus complète entre les colonies et leur mère-patrie.

L'organisation administrative, prévue par l'arrêté du 29 germinal an IX, fut étendue aux colonies recouvrées à la paix d'Amiens par les arrêtés du 6 prairial et du 11 messidor an X, et par ceux du 13 pluviôse et du 3 germinal an XI. Afin de pouvoir exercer plus directement son autorité sur les colonies, le premier consul fit décider par la loi du 30 floréal an X que, « nonobstant toutes les lois antérieures, le régime des colonies est soumis, pendant dix ans, aux règlements qui seront faits par le gouvernement ». Deux mois après, la Constitution du 9 thermidor an X venait, il est vrai, confier au Sénat l'attribution d'élaborer une constitution coloniale. Mais cette disposition ne reçut jamais d'exécution.

La même loi du 30 floréal an X, achevant son œuvre de réaction, rétablit l'esclavage dans les colonies. Les troubles qu'y avait causés l'abolition, en l'an III, se renouvelèrent plus graves encore et les noirs défendirent, les armes à la main, la liberté qu'ils avaient appris à goûter. Il fallut organiser des expéditions contre eux. Vaincus à la Guadeloupe en 1802, ils furent au contraire victorieux la même année, à St-Domingue. Le général Leclerc fut forcé de reconnaître, dans cette île, l'abolition définitive de l'esclavage. Il y trouva la mort, ainsi que la plupart de ses soldats, et cette colonie fut à jamais perdue pour la France.

Il devait en être bientôt de même de toutes nos colonies dont l'abandon fut consacré par le gouvernement impérial. A partir de la rupture de la paix d'Amiens, le 12 mai 1803, on peut dire qu'il n'y a plus en France de politique coloniale. La lutte que Napoléon entreprend contre l'Europe entière, détourne ses préoccupations des autres continents. Aussi les dernières mesures prises sous le consulat restent-elles inappliquées : inutilement, l'arrêté consulaire du 23 ventôse an XI rétablit aux colonies une sorte de représentation coloniale sous forme de Chambres d'agriculture. C'était, du reste, une atténuation plus apparente que réelle apportée à la rigueur de l'assujettissement, car si chaque chambre envoyait en France un délégué au

Conseil d'administration des colonies, les cinq membres qui composaient chacune de ces chambres étaient choisis par les représentants du gouvernement aux colonies et non par les colons. De plus, les délégués coloniaux ne pouvaient prendre qu'une part purement consultative dans les arrêtés préparés par le conseiller d'Etat placé à la tête du service colonial au ministère de la marine (Loi du 5 nivôse an VIII).

Sans effet, non plus, demeure l'article 54 de la Constitution de l'an X qui, nous l'avons vu, faisait prévoir qu'un sénatus-consulte organique donnerait bientôt une constitution à nos colonies.

Sous l'Empire, on ne trouve plus aucun texte applicable aux colonies abandonnées à elles-mêmes. Celles qui nous sont restées fidèles n'ont plus rien à attendre de la métropole.

Le régime financier que leur avait appliqué le Consulat, malgré le caractère d'autorité et de rigueur qu'il revêtait, laissé à la libre disposition du gouvernement central ou provisoirement à celle des agents, présentait encore un semblant d'organisation.

Sous l'Empire, c'est l'abandon absolu. Les colonies sont désormais livrées à leurs propres ressources et on le leur fait savoir. « La prévoyance des fonctionnaires placés à la tête de nos colonies, écrit Decrès, ministre de la marine, le 16 janvier 1805, à Decaen, doit calculer toutes les chances, supposer la possibilité que la métropole applique à l'accomplissement des grands desseins de son auguste chef, des fonds dont il serait indispensable de priver temporairement ses possessions d'outre-mer. » C'est dire le peu de place que tiennent les colonies dans les préoccupations de l'Empereur, et le ministre ajoute aussitôt la conclusion pratique que celles-ci doivent tirer : « ces fonctionnaires, dit-il, doivent, en conséquence, fixer toutes leurs méditations sur le moyen de se créer des ressources qui leur permettent de se passer aussi longtemps qu'il se pourrait, de l'assistance de la mère-patrie. »

Le gouvernement impérial, si jaloux de son pouvoir dans la métropole, ne cherche même pas à faire respecter son autorité dans les colonies. Il ne se préoccupe même plus de les défendre, sacrifiant complètement à partir de 1806, la marine au développement des forces continentales.

Et le même régime, qui avait voulu maintenir les colonies en une étroite sujétion, assiste impassible à leur effondrement dans l'anarchie.

CHAPITRE II

DE LA RESTAURATION A NOS JOURS.

Au cours de ce siècle, la nouvelle œuvre colonisatrice que la France a entreprise à partir de la Restauration, semble s'être poursuivie sous la direction constante d'un ensemble de principes que l'on retrouve les mêmes dans leurs applications souvent les plus différentes. Cette continuité de vues, cette inspiration commune dont on constate les effets à travers les régimes successifs et les lois qui en sont issues, marquent une séparation bien nette entre la nouvelle colonisation et celle dont nous venons de retracer l'histoire. La législation coloniale depuis 1815 est issue de règles devenues, semble-t-il, traditionnelles, auxquelles elle est demeurée fidèle au cours d'une évolution logique et en quelque sorte raisonnée. Et s'il est une question au sujet de laquelle le législateur ait paru modifier jusqu'aux principes mêmes qui la devaient réglementer, c'est justement celle qui fait l'objet de notre étude, c'est le régime financier.

En effet, tandis que le régime législatif est demeuré, depuis la charte de 1814, dominé par le principe de la spécialité des lois et règlements coloniaux, tandis que l'organisation administrative des colonies n'a cessé d'être inspirée par le système de l'assimilation qui explique les modifications apportées à cette administration par les divers gouvernements qui se sont succédé en France, au contraire, la question même d'un système financier colonial a été résolue de diverses manières.

Les conséquences du système de l'assimilation acceptables et souhaitables même, d'après l'opinion généralement répandue à notre époque, au point de vue purement administratif, sont loin de paraître aussi excellentes en matière financière. Sans revenir sur les raisons de cette différence que nous avons déjà exposées, on peut résumer ainsi le problème qui s'est posé à diverses reprises au législateur colonial :

Doit-on faire deux parts des recettes et des dépenses effectuées dans la colonie, les opérations d'intérêt général étant mises à la charge de l'Etat, celles d'intérêt local demeurant supportées par la colonie ? Ainsi se trouverait réalisée l'assimilation de la colonie au département français.

Doit-on laisser, au contraire, à la colonie toutes les recettes et toutes les dépenses, abstraction faite d'un petit nombre de dépenses dites de *souveraineté*, inscrites au budget de l'Etat en même temps qu'un contingent colonial versé en compensation de ces dépenses.

Ce serait, exceptionnellement et au seul point de vue financier, accorder l'autonomie aux colonies.

C'est sur l'une et l'autre de ces deux solutions que s'est tour à tour porté le choix du législateur métropolitain, déterminant ainsi trois périodes distinctes dans l'histoire financière des colonies à partir de 1825, date à laquelle fut, pour la première fois, réorganisé le système financier des colonies.

La première période commence avec l'adoption en 1825 de l'autonomie coloniale en matière financière, se poursuit avec la confirmation de ce système et prend fin par son abandon en 1841.

La deuxième période s'ouvre avec la loi du 25 juin 1841, qui réagissant contre les doctrines autonomistes étend aux questions financières les conséquences du système de l'assimilation.

Enfin la troisième prend naissance en 1854, avec le retour au régime de l'autonomie appliqué successivement, avec des restrictions variables, à nos différentes colonies et contredit sur un point spécial, en matière douanière, par une loi récente du 11 janvier 1892.

SECTION I

PREMIÈRE PÉRIODE.

Ordonnances de la Restauration et loi du 24 avril 1833. — Assimilation administrative et autonomie financière. — Après que le traité de Paris du 30 mai 1814 eût rendu à la France une partie de ses anciennes colonies, il devint nécessaire de se préoccuper de la législation qui leur pourrait être appliquée.

La charte de 1814 avait posé le principe que « les colonies seraient régies par des lois et des règlements particuliers ».

Par application de cet article qui accordait au pouvoir exécutif le droit de légiférer aux colonies, l'ordonnance du 12 décembre 1814 rétablit purement et simplement l'organisation coloniale antérieure à 1789. On revit les gouverneurs et les intendants se disputer les attributions insuffisamment départies entre eux, sans que les conseils supérieurs des colonies, dont l'autorité venait d'être encore réduite aux seules questions judiciaires, puissent utilement intervenir. Il n'y a même pas en 1814 de représentation coloniale et celle-ci n'est réorganisée que par l'ordonnance du 22 novembre 1819. Cette ordonnance institue dans chacune des colonies de la Guadeloupe, la Martinique, Bourbon et la Guyane, un *comité consultatif* appelé à donner son avis sur les budgets et les comptes coloniaux. Chacun de ces comités présente au Roi une liste de trois candidats sur lesquels Sa Majesté nomme le député de la colonie. En résumé on se contente de revenir vingt-cinq ans en arrière, sans réaliser plus de progrès au point de vue de la question financière, qu'à l'égard de l'organisation administrative et du système représentatif.

Des transformations s'étaient pourtant opérées dans les institutions de la métropole et une réforme devenait nécessaire, afin de mettre les colonies plus en harmonie avec les idées et les formes nouvelles.

Cette réforme fut accomplie par l'ordonnance du 21 avril 1825 sur l'organisation de la Réunion, dont l'œuvre fut continuée par l'ordonnance du 9 février 1827 pour les Antilles et par celle du 27 août 1828 pour la Guyane et les autres colonies.

L'ordonnance de 1825 établit formellement le système de l'assimilation qu'elle justifie en ces termes : « Les institutions, qui avant 1789 puisaient leurs forces dans leur analogie avec celles de la mère-patrie, ne pouvaient plus se soutenir alors qu'elles étaient dépourvues de cet appui. »

Elle supprime la dualité de commandement dont on avait pu constater les fâcheux effets ; le gouverneur reste seul représentant de l'autorité centrale, ayant auprès de lui un conseil privé dont il reçoit les avis. Mais au-dessous du gouverneur les services se divisent nettement répartis entre trois fonctionnaires : l'*ordonnateur* qui dirige les services métropolitains et la comptabilité générale ; le

Directeur de l'intérieur dont dépendent les services coloniaux, parmi lesquels les services financiers, en troisième lieu, le *procureur général* qui a la direction de la justice.

On se préoccupe d'organiser un contrôle administratif et financier fonctionnant sur place ; c'est un officier du commissariat qui en est chargé dans chaque colonie. Le contentieux administratif appartient au Conseil privé qui s'adjoint dans ce but deux membres de plus.

Enfin l'ordonnance du 21 avril 1825 crée des conseils coloniaux dont les membres sont nommés par le Roi. Leurs attributions analogues à celles des conseils généraux de France sont plus étendues en matière financière ainsi que nous allons le voir.

En effet, cette ordonnance qui posait si nettement le principe de l'assimilation, instituait aux colonies le régime de l'autonomie financière.

Cette importante réforme, qui marque un progrès si considérable sur tous les systèmes financiers appliqués jusqu'alors aux colonies, peut se résumer ainsi : toutes les contributions perçues aux colonies quelles qu'en soient la nature et l'origine, demeurent acquises à ces colonies qui, en revanche, sont chargées de pourvoir sur ces contributions à toutes les dépenses autres que celles des services de la guerre et de la marine.

C'est bien là l'autonomie financière réalisée dès 1825 plus complètement qu'elle ne devait jamais l'être par aucune des réglementations postérieures.

L'Etat ne perçoit aucun impôt aux colonies ; bien plus, il accorde des subventions à celles dont les revenus seraient insuffisants pour solder leurs dépenses. Toutes les opérations financières autres que celles des services militaires, qui s'effectuaient dans la colonie, l'intéressaient seule et par conséquent devaient être réglées par les Conseils coloniaux. Ceux-ci étaient de plus appelés à donner leurs avis sur les dépenses supportées par l'Etat et sur les économies qui pouvaient être réalisées à leur sujet ; ils étaient consultés de même à l'égard des services financiers des municipalités de la colonie.

Les dispositions de l'ordonnance de 1825, après avoir été étendues par des ordonnances postérieures, aux autres colonies, furent reproduites, en ce qui concerne le régime financier, par la loi du 24 avril 1833 qui ne fit que modifier le régime législatif.

Le gouvernement de juillet dont « l'ensemble des lois forme, de 1831 à 1838, une première période de décentralisation administrative dans l'histoire de l'administration française, depuis le commencement du XIXe siècle » (1) devait appliquer ces principes de décentralisation à la législation coloniale.

Les quatre colonies, la Guadeloupe, la Martinique, la Réunion et la Guyane devaient désormais jouir de la garantie de la loi qui seule pouvait les réglementer ; les autres possessions demeuraient soumises au régime des ordonnances.

Mais sous l'empire de la loi comme sous l'empire de l'ordonnance, les colonies restaient maîtresses de leurs revenus et continuaient à recevoir des subventions de l'Etat (ordonnance du 31 mai 1838, art. 618).

C'est sur ce dernier point que portaient les plus sérieuses objections formulées contre l'autonomie financière.

(1) Ducrocq, *Cours de droit administratif*, 6e édition, tome Ier, p. 95. « Les premières mesures de décentralisation sont intervenues en 1833, 1837 et 1838, et quelques-unes d'entre elles étaient déjà discutées par les pouvoirs publics avant 1830. »

Encore était-ce moins les subventions elles-mêmes que l'on critiquait, que l'impossibilité où l'on était de se rendre compte de leur emploi. En effet depuis la charte de 1814, les fonds alloués aux colonies étaient portés en *bloc* au budget de l'Etat; aucun détail des opérations n'y était joint.

Le règlement ministériel sur la comptabilité du 22 août 1837 consacre cette pratique. Les fonds étaient expédiés en nature aux colonies, afin de compléter les contributions locales et de parfaire l'équilibre budgétaire; les comptabilités locales les affectaient aux chapitres auxquels ils étaient nécessaires; mais jamais « dans les comptes soumis aux chambres, les dépenses n'apparaissaient que sous une mention sommaire et sans indication des besoins auxquels les subventions pourvoyaient (1) ». Les adversaires du système de 1825 s'élevaient aussi contre l'autorité accordée aux conseils coloniaux au sujet de services qui intéressaient autant l'Etat qui, d'après eux, aurait dû se réserver la décision en ces matières.

« L'article 5 de la loi de 1833, disait l'amiral Duperré, a donné aux conseils coloniaux, des attributions dont ces corps politiques n'ont pas généralement usé avec la réserve convenable. Il nous suffira de dire qu'on les a vus refuser des crédits nécessaires au paiement de dépenses dont la fixation est laissée au gouvernement; que des traitements réglés par des actes de l'autorité métropolitaine ont subi sans nécessité des réductions et même des suppressions qui étaient de nature à compromettre le service; que d'un autre côté, des allocations destinées à subventionner ici la presse périodique ont été élevées à des sommes exhor-

(1) Rapport de M. Béhic à la commission de 1849.

bitantes; qu'enfin le taux de plusieurs contributions locales a été successivement diminué, au point d'amener chaque année des déficits (1). »

De son côté, la Cour des comptes réclamait dans ses rapports l'assimilation financière afin de faciliter sa juridiction.

L'ordonnance du 21 mai 1838 avait en effet centralisé toutes les opérations de recettes et de dépenses métropolitaines aussi bien que locales entre les mains du Trésorier payeur. Ce fonctionnaire qui relevait directement du ministère chargé des colonies était justiciable de la Cour des comptes d'après l'article 639 de l'ordonnance de 1838; quant aux autres comptables coloniaux, ils restaient soumis à la juridiction du conseil privé ainsi que l'avait décidé l'ordonnance du 9 février 1827 (article 174).

La Cour des comptes se plaignait de ce que l'autonomie financière rendît illusoire sa surveillance : « Nous sommes entraînés à réclamer pour soutenir notre propre contrôle le respect des principes généraux et l'accomplissement des conditions fondamentales sur lesquelles reposent aujourd'hui la perception et l'emploi de tous les deniers publics et à renouveler les vœux que nous avions émis dans nos derniers rapports pour faire assimiler le service colonial à celui des autres départements de France et pour le rattacher, à ce titre et dans la même forme, au budget général de l'Etat. Une ligne de démarcation infranchissable serait alors fixée par le pouvoir législatif entre les revenus et les besoins qui doivent être attribués au Trésor public comme appartenant à l'administration générale de l'Etat et les produits locaux appliqués au service

(1) Exposé des motifs de la loi de 1841 à la Chambre des Pairs.

intérieur de chaque colonie. Il n'existerait plus aucune dissidence, aucune contestation entre les deux autorités qui se combattent depuis longtemps, l'accord se rétablirait dans tous les actes de l'administration supérieure et locale, la régularité renaîtrait dans les différentes parties de la comptabilité coloniale et nos vérifications retrouveraient enfin toute leur efficacité (1). »

On attaquait donc d'une part l'indépendance du budget local, de l'autre les attributions financières des conseils locaux. C'était une loi « d'incorporation et d'assimilation », ainsi que le réclamait le Ministre de la marine le 4 décembre 1840, qui devait réglementer à nouveau le régime colonial. Cette loi fut votée le 25 juin 1841.

SECTION II

DEUXIÈME PÉRIODE.

Loi du 25 juin 1841. — Assimilation financière. — Le projet du Ministre de la marine portait que l'Etat prendrait à sa charge les dépenses de souveraineté et d'administration générale, qu'il percevrait en retour certains impôts dans les colonies et que les autres contributions coloniales seraient assimilées aux règles budgétaires de la métropole : elles devraient figurer au budget de l'Etat, mais seulement pour ordre, sans réserve du vote des conseils locaux. La loi du 25 juin 1841, ainsi que l'ordonnance du 22 novembre de la même année, donna satisfaction aux diverses parties du projet ministériel.

Le nouveau système financier se résumait en une dou-

(1) Rapport de la Cour des Comptes de 1839.

ble règle : en premier lieu, il était fait une distinction fondamentale entre les services d'intérêt général et ceux d'intérêt local. Les premiers faisaient désormais partie du budget de l'Etat : règle de l'*incorporation*.

En second lieu, toutes les opérations financières coloniales, qu'elles appartinssent ou non à l'Etat, rentraient dans la comptabilité publique de la France : règle de l'*assimilation*.

Les services d'intérêt général dont les dépenses devraient être supportées par l'Etat étaient les suivants : solde et dépenses assimilées, frais des gouvernements coloniaux, des commissariats de la marine, des directions de l'Intérieur, des services financiers et du service de la santé ; dépenses des cultes, de la justice, de l'instruction publique, des hôpitaux ; dépenses d'intérêt commun aux diverses colonies.

A ces dépenses, dont le nombre et l'importance étaient, on le voit, considérablement augmentées, correspondaient des recettes dont l'Etat se réservait la perception dans les colonies. C'étaient les droits d'enregistrement, d'hypothèques, de timbre, de greffe, ainsi que les droits de douane, de navigation et de port.

Une partie importante des opérations financières exécutées aux colonies était donc incorporée dans le budget de l'Etat ; les autres y figuraient aussi, mais seulement pour ordre.

Mais toutes, suivant le principe d'assimilation, étaient soumises, les unes comme les autres, aux mêmes règles, celles de la comptabilité publique.

Or, si l'on peut justement critiquer le système de l'incorporation qui accroissait les charges (1) de l'Etat sans le

(1) Les dépenses de l'Etat pour l'année 1849 sont de 20.213.210 francs ;

dispenser du reste des subventions, que dire de la disposition qui rendait les opérations locales, effectuées uniquement par et pour les colonies, parties intégrantes de la comptabilité métropolitaine ? Comment appliquer à ces opérations déjà soumises au contrôle des assemblées coloniales, à la vérification des commissions locales, à la juridiction de la Cour des comptes, les délais d'exercice et de règlement en vigueur en France (1) ?

Pourtant le système de 1841 fut loin d'être attaqué comme l'avait été celui de 1825 et le rapport du duc de Broglie en 1843 prouve qu'il existait même de nombreux partisans d'une assimilation plus complète encore.

Les rapports de la Cour des comptes continuaient à se faire les interprètes de l'assimilation à outrance : « Nous croyons que l'assimilation des deux services doit s'étendre à toutes les formes et à toutes les obligations de leur comptabilité et qu'ils doivent se rattacher au budget de l'Etat pour toutes recettes et dépenses... La spécialisation financière des colonies est aujourd'hui en opposition avec tous les principes de l'ordre introduit dans l'administration publique (2). »

Le gouvernement de 1848 n'apporta aucun changement

elles comprennent les dépenses d'intérêt général dans les 4 colonies, les subventions, les dépenses militaires et les dépenses de l'Inde et d'Océanie.

Les recettes et les dépenses des 4 colonies sont ainsi réparties :

Recettes.

Recettes affectées aux services d'intérêt général.	1.557.720 francs.
— — local. . . .	4.118.414 —

Dépenses.

Dépenses des services d'intérêt général	5.509.010 francs.
— — local.	5.271 00 —

(1) Isaac, *Rapport au Sénat.*

(2) Rapport de la Cour des comptes de 1847.

dans cet ordre de faits. Il se posa dès le début en défenseur de la théorie de l'assimilation des colonies considérées comme des « départements lointains ». « Les institutions coloniales doivent emprunter à la législation de la métropole, dans le présent et dans l'avenir, tout ce qu'elle comporte de compatible avec les intérêts de ces lointains départements de la France. » Mais il eut le courage de pousser la théorie jusqu'en sa dernière conséquence et de proclamer l'abolition de l'esclavage, question que les gouvernements précédents n'avaient pas osé aborder. Il étendit aussi aux colonies les bienfaits du suffrage universel dont les conseils généraux devinrent l'émanation.

Le régime financier fut ensuite l'objet de ses préoccupations et une commission ayant à sa tête le duc de Broglie fut désignée à l'effet de le réviser : mais le projet qui y fut élaboré en 1849 ne reçut jamais d'exécution. Il mérite pourtant d'être cité pour les modifications qu'il faisait subir au système de 1841, dont il s'inspirait toutefois.

Le principe d'incorporation était maintenu et les dépenses générales restaient à la charge de l'Etat, comprenant : les dépenses militaires, de gouvernement, d'administration générale, du commissariat, les traitements des Directeurs de l'Intérieur, des Trésoriers coloniaux, les frais des services des cultes, de la justice, subventions à l'instruction publique, services des ports, les dépenses d'intérêt commun et « toutes celles où l'Etat aurait un intérêt direct ».

Mais au point de vue des recettes perçues en compensation de ces dépenses, le système était modifié. Au lieu de réserver le produit de certains impôts coloniaux, l'Etat demandait à ses colonies une contribution dont le montant était fixé annuellement par la loi de finances pour chaque colonie. Celles d'entre elles qui prouvaient l'insuffisance de leurs ressources pouvaient être dispensées de payer la contribution : elles pouvaient même recevoir des subventions de l'Etat.

Les conseils généraux avaient un pouvoir très étendu en matière d'impôts. Leur vote n'était limité que par l'énumération faite par la loi de finances des diverses impositions pouvant être établies aux colonies. Dans cette limite, les conseils locaux n'avaient qu'à choisir celles qu'ils préféraient appliquer chez eux.

Le projet de 1849 laissait à des règlements d'administration publique le soin de déterminer l'assiette et le mode de perception de ces impôts, d'établir dans les dépenses locales une distinction entre les dépenses obligatoires et les dépenses facultatives et enfin de réglementer à nouveau la comptabilité coloniale. Sur ce dernier point la commission n'hésitait pas à reconnaître le caractère excessif du régime de 1841, ainsi que l'impossibilité d'en réaliser les applications pratiques (1).

(1) Dans son remarquable rapport à la commission chargée de réviser le régime colonial en 1849, M. Béhic fait très nettement ressortir les défauts pratiques du système de l'assimilation financière tel que l'avait conçu le législateur de 1841. « S'il était utile, dit-il, de soumettre aux règles générales de la comptabilité publique les opérations financières de toute nature accomplies dans les colonies, il suffisait de placer l'observation de ces règles sous un contrôle et une juridiction différents suivant que les opérations intéressaient les finances locales ou les finances générales.

Sous peine de n'être qu'un obstacle à tout, le principe de l'incorporation des budgets coloniaux dans le budget de l'Etat, conséquence forcée de la loi du 25 juin 1841, devait rester inexécuté et disparaître sous les exceptions. C'est ce qui arriva en effet. Ainsi l'on fut successivement obligé d'admettre des délais spéciaux pour la reddition des comptes coloniaux, de renfermer les documents relatifs à ce service dans des justifications spéciales, d'admettre, pour faire entrer le service colonial dans la situation générale des budgets, dans les comptes d'exercice et dans les écritures centrales des finances, un mode tout exceptionnel et qui consistait à n'y inscrire à la place des faits que de simples évaluations à rectifier ultérieure-

Les événements politiques devaient mettre obstacle à la promulgation de ces règlements et le régime financier ébauché en 1849 devait rester à l'état de projet. Il réalisait, en somme, un sensible progrès sur le système de 1841 et préparait le retour qui devait avoir lieu à partir de 1854 vers la théorie de l'autonomie financière des colonies.

SECTION III

TROISIÈME PÉRIODE.

Sénatus-consultes de 1854 et de 1866. — Décret du 20 novembre 1882. — Retour à l'autonomie financière des colonies. — Par application de l'article 27 de la Constitution du 14 janvier 1852 qui portait que « le Sénat réglerait par un sénatus-consulte : 1° la constitution de l'Algérie et des colonies », ce fut un sénatus-consulte qui réglementa, le 3 mai 1854, la situation des colonies des Antilles et de la Réunion. Quant aux autres, elle demeurèrent régies par de simples décrets impériaux, ainsi que le décidait l'article 18 du sénatus-consulte (1).

ment, de tolérer des infractions nombreuses aux règles de la comptabilité publique sur l'ouverture, l'annulation, la réintégration des crédits et sur la direction des opérations de Trésorerie et des mouvements des fonds... en un mot d'admettre en fait le principe de décentralisation qu'on repoussait en droit, mais de l'admettre sans aucune des garanties dont il eût été possible de l'entourer en le proclamant. »

(1) Il est vrai que l'on s'efforça tout au moins de les rassurer sur les conséquences de ce régime, leur promettant, dans un avenir pourtant incertain, les « bienfaits d'un sénatus-consulte : « Nous désirons que les habitants des colonies qui seront régies par voie de décrets, et surtout ceux de la Guyane soient convaincus de cette vérité : s'ils ne reçoivent pas dès aujourd'hui, le bienfait d'une constitution, ce n'est ni par indifférence, ni par un abandon sans terme de leurs espérances. Nous demandons un simple ajournement, jusqu'au jour que nous appelons de tous nos vœux,

Le sénatus-consulte de 1854, qui marque une véritable réaction au point de vue administratif, s'inspirant de la doctrine d'assujettissement en vigueur sous le premier Empire, fait preuve au contraire de tendances autonomistes à l'égard du régime financier : en cela il peut constituer un nouvel exemple de ce fait déjà constaté, à savoir qu'il n'y a pas une corrélation nécessaire, en législation coloniale, entre le libéralisme administratif et l'autonomie financière. Les colonies furent en effet soumises à un régime sévère. Pas de représentation coloniale dans les chambres, un simple comité consultatif composé de quatre membres nommés par l'empereur, auxquels viennent s'adjoindre des *délégués* coloniaux, chacune des colonies dites « privilégiées » ayant le droit d'élire un délégué ; quant aux autres, on ne leur accorde même point ce semblant de réglementation.

Les conseils généraux voient leurs attributions administratives considérablement réduites et perdent tout caractère électif ; ils ne nomment plus aucun fonctionnaire ; à peine prend-on leur avis sur les questions d'administration générale intéressant la colonie.

Mais alors qu'on leur refuse toute assimilation avec les Conseils généraux français, on étend au contraire leurs attributions financières. Le sénatus-consulte de 1854 reprend le principe de 1825 et déclare que toutes les recettes perçues dans les colonies appartiendront à celles-ci, l'Etat se contentant des quatre sources suivantes de revenus : contingents coloniaux, rente de l'Inde, ventes et cessions

où le Sénat, d'accord avec le gouvernement, aura reconnu l'arrivée du moment où ce bienfait peut être décerné sans qu'on l'achète par trop d'inconvénients ». Rapport de M. Charles Dupin présentant au Sénat le projet de sénatus-consulte de 1854.

de biens appartenant à l'Etat, retenues sur les traitements.

Quant aux dépenses, le sénatus-consulte reprend le projet de 1849 au sujet des dépenses d'intérêt général et le complète en opérant la distinction entre les dépenses locales *obligatoires* et les dépenses locales *facultatives*. Il reproduit exactement les termes de l'énumération des dépenses de souveraineté laissées à la charge de l'Etat en 1849. Les dépenses auxquelles les colonies étaient obligées de pourvoir elles-mêmes étaient ainsi déterminées sous le nom de dépenses obligatoires : le contingent à payer à l'Etat, les frais de services financiers, les dépenses de l'Instruction publique, de la police, des prisons, des hôpitaux, le service des pensions de retraite, les frais de perception, le service des routes, le matériel des douanes et des administrations financières, les intérêts et remboursements des emprunts, le service des enfants assistés et des aliénés.

Toutes les autres dépenses locales étaient votées librement par les conseils généraux : c'étaient les dépenses facultatives.

Les recettes qui toutes étaient laissées aux colonies, se divisaient en recettes ordinaires et recettes extraordinaires ; les premières comprenant l'impôt sur la propriété bâtie, la contribution personnelle et mobilière, l'impôt des patentes, les droits d'enregistrement, de timbre et d'hypothèques, les droits d'entrées, d'entrepôts et de navigation, les revenus des propriétés coloniales, les subventions éventuelles de la métropole.

Tous ces impôts, on le voit, sont analogues à ceux de la métropole. Il en est un cependant qui mérite une mention particulière à cause de l'originalité de son fonctionnement : c'est l'impôt foncier ou plutôt la taxe qui le remplace aux colonies. En principe, il n'y a pas d'impôt foncier ; il est seulement perçu un droit de sortie sur les produits du sol qu'il serait injuste de taxer deux fois. Or, comme tous les produits ne paient pas le droit de sortie, les terres cultivées qui produisent des fruits échappant à ce droit sont alors frappées d'un droit ayant tous les caractères d'un impôt foncier. Nous aurons à revenir sur cette forme de l'impôt foncier colonial que l'on retrouve encore aujourd'hui dans certains de nos établissements.

Les ressources extraordinaires comprenaient les emprunts, les dons et legs et les contributions extraordinaires. Les attributions des Conseils généraux étaient très étendues au sujet des recettes ordinaires. Malgré que le gouvernement conservât le droit de casser et même de modifier leurs délibérations ; ils votaient en somme librement tous les impôts à l'exception des droits de douane, jusqu'à concurrence du montant des dépenses locales. Leurs pouvoirs ne s'étendaient pas aux recettes extraordinaires pour lesquelles il leur était nécessaire d'obtenir l'autorisation métropolitaine préalable.

Le sénatus-consulte avait aussi posé la règle que le personnel des services financiers coloniaux devrait se recruter dans les administrations métropolitaines dont il ferait intimement partie, les conseils locaux n'ayant aucun droit de nomination des fonctionnaires. En réalité, ce principe ne reçut d'application que pour les services de l'Enregistrement et des Douanes. Enfin, un décret du 26 septembre 1855 étendit à la comptabilité coloniale les principes de la comptabilité publique de France, tout en respectant les différences nécessaires d'application.

C'est ainsi qu'il consacre l'établissement de délais spéciaux pour la reddition des comptes coloniaux, l'usage de justifications spéciales à l'appui de ces comptes, les rectifications d'écritures au sujet des crédits inexactement évalués.

Le trésorier-payeur colonial ne relève plus seulement du ministère chargé des colonies, mais aussi du ministère des finances dont il devient l'agent direct dans le service des recettes comprises dans le budget de l'Etat. Il demeure l'agent du Ministre de la marine et des colonies dans le service des dépenses dont ce dernier est l'ordonnateur principal.

C'est au Ministre des finances qu'appartient la surveillance sur les mouvements des fonds opérés par le trésorier. C'est enfin lui qui a l'initiative des propositions pour les nominations aux fonctions de trésorier colonial. La Cour des comptes continue à exercer sa juridiction sur toutes les opérations du trésorier-payeur, intéressant soit l'Etat, soit la colonie, et à être juge d'appel contre les arrêts des conseils privés à l'égard des autres comptables.

Quant aux comptes d'exercice des ordonnateurs, ils sont discutés par le Conseil général auquel les présente le directeur de l'intérieur ; mais l'apurement définitif en appartient au gouverneur en Conseil général.

Le système de 1854 était défectueux en deux points. D'abord, défenseur d'un régime administratif trop rigoureux, il avait le tort d'abandonner l'assimilation établie aux colonies depuis 1814, pour se rapprocher de l'assujettissement en refusant d'accorder aux assemblées coloniales l'organisation et les attributions obtenues par les conseils départementaux français ; ce qui justifiait les réclamations répétées des délégués coloniaux dont l'un d'eux s'écriait : « Si les colonies sont françaises, qu'on n'hésite donc pas à proclamer que les colonies doivent jouir des droits attachés à la qualité de citoyens français (1). »

En second lieu, et cette critique porte sur le régime financier, la répartition des dépenses contre l'Etat et la colonie combinée avec le système des contingents rarement payés et des subventions toujours réclamées, aboutissait à un déficit annuel considérable à la charge du budget de l'Etat.

Le sénatus-consulte du 18 juillet 1866 entreprit de réformer celui de 1854 sur ces divers points.

Répondant au premier ordre de critiques, il accorde aux conseils coloniaux l'assimilation avec les conseils généraux français, tout en augmentant encore leurs attributions financières : ils votent définitivement les taxes nécessaires pour pourvoir aux dépenses locales, le gouvernement n'ayant plus qu'un délai d'un mois pour demander l'annulation de ces délibérations pour violation de la loi ou excès de pouvoirs. De plus, bénéficiant de l'extension de la loi du 10 mai 1838, ils peuvent adresser désormais *directement* au ministre les réclamations ayant en vue l'intérêt de la colonie.

Au sujet du second point, le législateur ne se faisant aucune illusion, ainsi qu'il le déclare lui-même, sur l'impossibilité d'obtenir l'équilibre entre les contingents et les subventions, essaie tout au moins d'alléger les charges de l'Etat en diminuant sa part dans les dépenses coloniales. Il décide en outre que le montant des subventions sera désormais fixé à l'avance et annuellement par la loi de finances : « Comme les dépenses d'une *nature purement civile* maintenues au compte de l'Etat profitent exclusive-

(1) Pétition du 1er juin 1865 présentée par M. de Lareinty, délégué de la Martinique.

ment aux colonies, l'article 7 prévoyant le cas, peu vraisemblable d'ailleurs, où leur prospérité se développerait, dispose que, le cas échéant, elles pourront être forcées d'y satisfaire. Mais, par contre, le même article décide que si les colonies restent dans un état précaire, des subventions leur seront accordées. *Mais le système de ces subventions n'a rien de commun avec les obligations que le sénatus-consulte de 1854 imposait à l'Etat et que chaque année voyait s'accroître* : les budgets en fournissent la preuve authentique. Le sacrifice supporté par l'Etat sera réglé par la loi de finances ; la position de chacune des parties sera fixée d'avance et d'une manière irrévocable. »

Ainsi les dépenses de l'Etat sont réduites en principe aux dépenses militaires, les dépenses d'une nature purement civile étant laissées à la charge des colonies. En fait la liste des dépenses de souveraineté considérablement réduite en comparaison de celle de 1849 reproduite en 1854, comprend encore quelques dépenses civiles, mais limitativement énumérées. Ce sont, d'après l'article 5, le traitement du gouverneur, les frais du personnel de la justice et des cultes, et le service du trésorier-payeur. Restent les subventions au sujet desquelles l'Etat s'assure la garantie d'une fixation préalable par la loi de finances :

Quant aux dépenses locales, elles demeurent divisées en obligatoires et facultatives ; mais les premières sont bien moins nombreuses qu'en 1854. Ce sont : les dettes exigibles, les frais de la direction de l'intérieur du matériel de la justice et des cultes, du loyer et entretien de l'hôtel du gouverneur et de son secrétariat, les prisons, la gendarmerie, l'instruction publique et enfin *un fonds de dépenses diverses et imprévues*, fixé annuellement par le ministre et mis à la disposition du gouverneur afin de subvenir aux dépenses obligatoires insuffisamment votées par le Conseil général. Lorsque le fonds de dépenses imprévues est lui-même insuffisant pour équilibrer les dépenses obligatoires, le gouverneur a le droit de réduire les dépenses facultatives, à la différence de ce qui a lieu dans le département, ou bien de relever le tarif des taxes en vigueur ; mais il n'est jamais autorisé à créer une taxe nouvelle.

Les recettes appartiennent en totalité, comme en 1854, à la colonie. Celles de l'Etat se bornent aux contingents coloniaux, à la rente de l'Inde, et aux revenus de son domaine qui ne peut être aux colonies qu'affecté à un service public (1), sauf toutefois dans la Nouvelle Calédonie (2).

Les colonies maîtresses de leurs revenues votent définitivement l'impôt dont l'assiette a été fixée préalablement, par décret simple au moment de sa création. Une seule exception subsiste au sujet des tarifs douaniers dont l'approbation doit être obtenue par décret en Conseil d'Etat. En revanche, le sénatus-consulte de 1866 laissait toute liberté aux conseils généraux en matière *d'octroi de mer* : cet impôt perçu au profit des communes pouvait frapper les marchandises françaises aussi bien que les étrangères, contrairement aux droits de douane dont les produits français étaient exempts d'après le décret non abrogé du 22 juin 1791. Le régime douanier sur lequel nous aurons à revenir avait été entièrement modifié par la loi du 3 juillet 1861 abolissant les derniers vestiges du système connu sous le nom de pacte colonial. Le sénatus-consulte de 1866 ne fit que poursuivre plus avant la réforme libérale dont les résultats, malheureusement faus-

(1) Ordonnance du 17 août 1825, art. 3 et 4.
(2) V. Girault, *Législation coloniale*, p. 562 et 563.

sés par les abus que les assemblées coloniales eurent le tort de commettre, amenèrent le régime restrictif de la loi du 14 janvier 1892.

La nécessité d'une approbation métropolitaine qui constitue une exception en matière de recettes ordinaires, devient la règle pour les recettes extraordinaires. Tout emprunt colonial, quels qu'en soient le chiffre et le délai de remboursement, doit être approuvé par décret en Conseil d'Etat. On sait qu'en 1870 les emprunts départementaux devaient être autorisés par une loi. Depuis 1871, l'autorisation légale n'est exigée que lorsque le délai de remboursement est supérieur à 15 ans. Aucune mesure analogue n'est intervenue pour les colonies.

Les dons et legs faits à la colonie sont acceptés par le gouverneur après délibération de l'assemblée coloniale. Mais cette autorisation doit être autorisée par décret en Conseil d'Etat, de même que le refus, lorsque les libéralités sont discutées par les familles ou qu'elles ont été faites avec charge ou affectation immobilière. Ce dernier point constitue une nouvelle différence avec le département qui, d'après l'article 53 de la loi du 10 août 1871, n'a besoin de recourir à un décret en Conseil d'Etat pour accepter une libéralité, que lorsqu'il y a réclamation.

En continuant la comparaison avec le département, on arrive à une différence qui prouve combien dans la forme même fut reconnue, à partir de 1854, l'autonomie financière des colonies. Tandis que le département dut attendre jusqu'en 1893 pour voir son budget enfin séparé de celui de l'Etat, dès 1854 le régime de l'incorporation a disparu pour les colonies. Le budget colonial constitue bien définitivement un budget distinct dont les opérations ne sont plus retracées dans celui de l'Etat, ce dernier ne conservant que les services de souveraineté. La séparation s'accentue encore en 1866, l'intervention de l'Etat dans les affaires de la colonie se trouvant réduite. Le budget colonial est voté par le Conseil général : le vote a lieu par chapitres et non par articles comme cela a lieu dans la métropole ; la répartition des crédits par articles est l'œuvre du Directeur de l'Intérieur. Une fois voté le budget est approuvé et rendu exécutoire par le gouverneur en conseil privé et non par décret comme le budget départemental.

La comptabilité coloniale continue à être régie suivant les principes du décret de 1855. Le décret du 31 mai 1862 vient confirmer, en effet, que « la comptabilité générale des finances est chargée de tracer les règles de *toutes* les comptabilités de deniers publics et de maintenir dans chacune de ces comptabilités un mode uniforme d'écritures ». Un règlement ministériel parut le 14 janvier 1869 afin de concilier l'application de ce texte à la comptabilité du ministère chargé des colonies avec les modifications nouvelles apportées par le sénatus-consulte de 1866 dans le régime colonial.

Conclusion. — Telle est en ses grandes lignes l'économie de ce sénatus-consulte de 1866 qui demeure encore aujourd'hui la base de la législation coloniale. Sans conserver en effet le caractère de constitutionnalité qu'ils revêtaient sous l'empire, les sénatus-consulte de 1854 et de 1866 ne sauraient être modifiés aujourd'hui que par une loi. Or aucun texte législatif, à l'exception de la loi de 1892 sur le régime douanier, n'est venu porter atteinte aux dispositions du sénatus-consulte de 1866 et à celles du sénatus-consulte de 1854, que ce dernier texte avait laissé subsister. Elles conservent donc de nos jours toute leur autorité. Il est vrai qu'en 1866 comme en 1854 le législateur ne s'est préoccupé que de réglementer la situation de trois colonies : la Martinique, la Guadeloupe et la Réunion. Mais c'est de son esprit et de ses principes que sont inspirés les divers décrets qui ont organisé successivement les autres colonies et l'on peut dire que le système de 1866 est devenu en quelque sorte le régime de droit commun des colonies. Si nous avons à relever quelques modifications de détail spéciales à certaines d'entre elles, nous constaterons que ce ne sont là que des exceptions de peu d'importance et qui laissent intacts les principes que nous venons d'exposer.

C'est ainsi que le décret du 20 novembre 1882 sur le régime financier des colonies a pu décider que l'application de ses dispositions s'étendrait à *toutes* les colonies, tout en se réclamant expressément de la législation de 1866. Ce décret qui doit constituer la base même de cette étude déclare en effet, après avoir fait une seule exception, en faveur de la Cochinchine : « Le présent décret est applicable à *tous* les établissements coloniaux à partir du 1er janvier 1883 », article 228.

Non seulement le préambule du décret de 1882 : « s'autorise du sénatus-consulte du 4 juillet 1866, mais encore le premier article concernant les recettes de l'Etat aux colonies, n'est que l'exacte reproduction de la disposition analogue du sénatus-consulte ; et si l'article 3 au sujet des dépenses porte en des termes plus vagues « les dépenses de gouvernement et de protection » au lieu de la détermination exacte que nous avons trouvée en 1866, c'est afin de pouvoir s'appliquer à des colonies plus récentes où le rôle protecteur de l'Etat peut entraîner des dépenses dont il eût été difficile de faire une classification à l'avance. Du reste le même article 3 se réfère immédiatement après au texte de 1866 en ce qui concerne les subventions accordées s'il y a lieu au service local, en exécution de l'article 6 du sénatus-consulte du 4 juillet 1866.

L'œuvre du décret du 20 novembre 1882 a consisté, en se basant sur les principes de 1866, à unifier la législation financière des colonies, en en dégageant les règles conservées communes par les divers décrets et en en réglementant le fonctionnement jusqu'en ses moindres détails.

En suivant ainsi le régime financier colonial à travers les évolutions historiques de sa formation, nous sommes arrivés à dégager l'ensemble des principes qui domine sa forme actuelle.

Il nous reste maintenant à examiner le détail des règles pratiques qui président au fonctionnement de ce régime.

DEUXIÈME PARTIE

ÉTAT ACTUEL DE LA LÉGISLATION FINANCIÈRE DES COLONIES FRANÇAISES.

Préambule.

Bases de cette législation. — Son domaine d'application. — Divisions de notre empire colonial. — Situation particulière de la Cochinchine. — Le régime financier de nos colonies se trouve encore actuellement établi sur les bases du système organisé par le sénatus-consulte du 4 juillet 1866. Les règles suivant lesquelles est conçu le développement de ce régime sont contenues dans le décret du 20 novembre 1882.

C'est ce décret qui constitue pour ainsi dire le code financier des colonies. Ses applications n'en sont pas, il est vrai, identiques dans toutes les colonies. Des dispositions spéciales sont venues ultérieurement modifier le décret en certains points de détail, mais il n'en demeure pas moins le dernier texte général régissant le système financier des colonies.

Pourtant il ne semble pas que ce régime doive constituer un état définitif de la législation, car il est loin d'être à l'abri de toute critique. Aussi, à plusieurs reprises déjà, des commissions se sont-elles formées, des rapports ont-ils été rédigés, des projets de lois déposés, afin de déterminer les modifications qu'il semble nécessaire d'y apporter. Il existe à l'heure actuelle au Parlement un *Groupe colonial* dont le but est de poursuivre le perfectionnement de la législation coloniale et parmi les réformes qu'il propose, celles qui concernent le régime financier ne sont pas les moins importantes ni les moins nombreuses. Nous nous proposons, au cours de cette étude, d'indiquer les points sur lesquels portent plus spécialement les critiques et les projets de modifications.

Des textes actuellement en vigueur, nous nous efforcerons de dégager les règles d'après lesquelles sont organisés, se développent et fonctionnent les divers services financiers des colonies. La distinction fondamentale établie par le sénatus-consulte de 1866 et reproduite par le décret de 1882, servira de division à cette seconde partie de notre étude.

Avant d'entreprendre, en ces deux chapitres, l'examen détaillé du régime financier colonial, il nous paraît utile de chercher à délimiter, en un rapide aperçu géographique, le domaine sur lequel doivent s'étendre les applications de ce régime, et à déterminer l'exacte portée de ces applications à l'égard des diverses parties de notre empire colonial.

S'il est vrai que la législation financière soit basée, dans les diverses parties de notre empire colonial, sur les mêmes principes, il n'en existe pas moins une certaine variété dans son application à chacune de nos colonies.

A l'heure actuelle, les colonies françaises, au point de vue administratif (1) se divisent en deux groupes : le premier comprend les anciennes colonies régies par le séna-

(1) V. Ducrocq, *Cours de droit administratif*, 6e édition, nos 536 à 541.

tus-consulte de 1866 et celles qui leur ont été assimilées par des décrets postérieurs, c'est-à-dire toutes celles qui ont été dotées d'un conseil général ; le second groupe est formé par tous les autres établissements coloniaux, jouissant d'une organisation administrative plus rudimentaire, à qui certains auteurs (1) voudraient voir donner le nom de *possessions*, celui de colonies étant réservé aux établissements du premier groupe. Cette division exerce une influence sur l'application du régime financier à ces diverses colonies.

Le premier groupe se compose d'abord des trois anciennes ou grandes colonies : la Martinique, la Guadeloupe et la Réunion. Dans ces trois établissements, le système financier du décret de 1882 qui n'a fait que développer les principes du sénatus-consulte de 1866, s'applique en toutes ses parties et jusqu'en ses dernières conséquences. Il en est de même pour trois autres colonies dont l'organisation administrative a été réglementée sur les mêmes bases par des décrets antérieurs à 1882. Ce sont les colonies de la Guyane, du Sénégal et de l'Inde française. Les décrets du 23 décembre 1878, du 25 janvier et du 4 février 1869, instituant un conseil général dans chacune de ces colonies, ont étendu successivement à ces trois établissements les principes du sénatus-consulte de 1866.

Depuis le décret du 20 novembre 1882, des Conseils généraux ont été encore organisés dans trois autres établissements coloniaux : à St-Pierre et Miquelon et à la Nouvelle-Calédonie, par deux décrets du 2 avril 1885 et aux établissements français d'Océanie (2) par le décret du 28 décembre 1885.

(1) Isaac, Rapport au Sénat, session ordinaire de 1893, annexe 135.

(2) L'unité administrative coloniale formée par les établissements fran-

Il suffit de comparer ces différents textes pour constater que le législateur colonial est resté fidèle au système de 1882 dans ses applications à ces trois dernières colonies. On y retrouve les mêmes principes budgétaires, les mêmes divisions dans les dépenses, les mêmes règles de comptabilité (1).

L'île de Mayotte et l'établissement des Comores (grande Comore, Anjouan et Mohély) qui constituaient l'une et l'autre des colonies distinctes, ont été réunies au gouvernement de la Réunion par le décret du 23 mai 1896. Mais il existe toujours un budget local pour Mayotte et un autre pour les Comores, tous les deux distincts du budget local de la Réunion. Les articles 6, 7 et 8 du décret concernant

çais d'Océanie, comprend d'une part les îles de Tahiti et de Moréa, d'une autre toutes les autres îles et archipels désignés sous le nom d'*établissements secondaires*. Cette subdivision entraîne quelques différences administratives, l'organisation des établissements secondaires étant plus rudimentaire (art. 132 du décret).

(1)

D. du 2 avril 1885 (Nouvelle-Calédonie) et D. du 28 décembre 1885 (Etablissements français de l'Océanie).	D. du 2 avril 1885 (St-Pierre et Miquelon).	Matières réglées par les articles de ces décrets.
Article 52.	Article 53.	Préparation du budget par le Directeur de l'Intérieur, délibération du Conseil général, apurement par le gouverneur en conseil privé.
— 53.	— 54.	Questions des subventions et des contingents réglés annuellement par la loi de finances.
— 54.	— 55.	Division des dépenses en obligatoires et facultatives. — Liste des dépenses obligatoires.
— 55-56.	— 56-57.	Moyens de pourvoir à une dépense obligatoire non prévue.
— 57.	— 58.	Etablissement du budget d'office.
— 58.	— 59.	Comptes d'administration.

ces budgets contiennent l'application des règles générales.

Le second groupe diffère du premier par l'absence de conseils généraux dans les colonies qui en font partie.

Dans chacune des colonies suivantes : Congo français, Soudan français, Guinée française, côte d'Ivoire et Dahomey, des décrets (1) ont institué un conseil d'administration dont les membres élus assistent le gouverneur dans la direction des affaires coloniales.

La colonie d'Obock occupe encore un degré inférieur dans cette hiérarchie, son administration se trouvant concentrée dans la seule personne du gouverneur (2).

Quant à Madagascar (3), bien que son organisation ne soit que provisoirement régie par une série de décrets dont les dispositions n'ont pas été encore coordonnées par une réglementation générale, elle possède tous les éléments nécessaires à la vie administrative d'une colonie. Le décret du 3 août 1896 a organisé son conseil d'administration et déterminé les pouvoirs du résident général. Le décret du 8 janvier 1897 a organisé le service de trésorerie et le décret du 19 février 1897 a créé dans cette île une direction des finances et du contrôle. L'administration coloniale de Madagascar s'étend sur les établissements de Diego-Suarez, Nossi-Bé et Ste-Marie de Madagascar qui, autrefois colonies distinctes, ne constituent plus que de

(1) Congo, décret du 27 février 1889, réorganisé par le décret du 28 septembre 1897 ; Soudan, décret du 27 février 1893 ; Guinée, décret du 10 mars 1893, réorganisée par le décret du 25 septembre 1896 ; Dahomey, décret du 22 juin 1894 ; Côte d'Ivoire, décret du 25 septembre 1896.

(2) L'organisation administrative d'Obock a été l'œuvre du décret du 18 juin 1884.

(3) L'annexion de Madagascar comme colonie française a été déclarée par la loi du 8 août 1896. Elle avait été préparée par le décret du 11 décembre 1895 qui avait détaché l'administration de cette île du Ministère des affaires étrangères pour la confier au Ministère des colonies.

simples municipalités depuis le décret du 31 janvier 1896 (1).

Les autorités qui se partagent les attributions financières dans les colonies du second groupe sont au nombre de deux : le gouverneur ou résident général, qui prépare le budget, l'arrête et l'exécute, et le Conseil d'administration qui donne son avis sur l'établissement de ce budget (2).

C'est le gouverneur qui est ordonnateur de toutes les dépenses, mais il peut déléguer ses pouvoirs en matière financière, au *secrétaire général.* Ce dernier est même désigné à Madagascar par le décret du 7 janvier 1896 comme ordonnateur secondaire des dépenses métropolitaines exécutées dans la colonie.

Ainsi, il y a à la fois dans ces colonies, restriction des attributions de l'assemblée délibérative et diminution des agents exécutifs (3). Mais, malgré ces différences, il est facile de constater qu'il n'existe entre les deux groupes de colonies, qu'une inégalité de développement. Les unes comme les autres ont une existence financière distincte, un budget local, un comptable responsable, le trésorier payeur (4), chargé de l'exécution matérielle des services financiers et soumis à l'observation des mêmes règles de comptabilité. L'état rudimentaire, dans lequel nous trouvons aujourd'hui

(1) Les budgets de Diégo-Suarez, de Nossi-Bé et de Ste-Marie de Madagascar sont, par suite, devenus de simples budgets municipaux.

(2) L'article 10 du décret du 3 août 1896 fait très nettement cette répartition d'attributions entre le résident général et le Conseil d'administration. Voir de même l'article 2 du décret du 22 juin 1894, pour le Dahomey.

(3) Cette seconde différence entre les deux groupes de nos colonies s'atténuera avec la suppression des directeurs de l'Intérieur, qui est dès à présent arrêtée en principe.

(4) Un trésorier payeur a été installé à Madagascar par le décret du 8 janvier 1897.

l'organisation administrative des colonies du second groupe, ne représente pour elles qu'une situation passagère qui les prépare à recevoir du législateur la forme d'organisation plus complète appliquée à leurs aînées. C'est une étape provisoire qu'elles franchiront en se développant.

Nous avons omis à dessein dans l'énumération que nous venons de faire des diverses colonies françaises, la Cochinchine. Cette colonie qui est loin d'être la moins importante et qui est, sans contredit, la plus riche à l'heure actuelle, ne saurait en effet être rattachée à aucun des groupes que nous venons d'examiner.

Déjà le décret du 20 novembre 1882 l'avait exceptée de l'ensemble des colonies auxquelles devait s'appliquer le régime financier (1). Le décret du 18 octobre 1887 qui a créé l'*Union Indo-Chinoise* a placé la Cochinchine dans une situation particulière en la réunissant administrativement, elle colonie, aux pays du protectorat du Cambodge, de l'Annam et du Tonkin. Désormais, un seul gouverneur, le gouverneur général de l'Indo-Chine, dirige avec les avis du Conseil supérieur, l'ensemble des services de ces divers établissements. Le lieutenant gouverneur de la Cochinchine n'est que son subordonné. Ce fonctionnaire réunit, sous la surveillance du gouverneur général, les attributions, à la fois, de gouverneur et de directeur de l'Intérieur, avec l'aide d'un secrétaire général.

Il a auprès de lui un conseil privé. Il n'existe pas en Cochinchine de conseil général ; mais un conseil colonial en exerce toutes les attributions. Le système de recrutement de ses membres est tout particulier, ils doivent être

(1) L'article 227 porte en effet : « Sont expressément maintenues les dispositions des décrets des 15 mai 1874, 5 juillet 1881 et 7 octobre 1881 sur le régime financier de la Cochinchine. »

choisis parmi les Français et parmi les Asiatiques. De plus un décret y ajoute deux membres du conseil privé. Enfin l'élément commercial y est représenté par des délégués de la chambre de commerce de Saïgon. Les conseillers sont élus pour 4 ans.

Cette organisation administrative est, on le voit, une sorte de combinaison des deux systèmes en vigueur dans les autres colonies (1).

Au point de vue financier l'Union indo-chinoise avait entraîné, en 1887, la création d'un budget général de l'Indo-Chine. Mais ce budget a été supprimé par le décret du 11 mai 1888 qui a rendu à la Cochinchine sa pleine personnalité financière en décidant que désormais il n'y aurait plus en Indo-Chine que trois budgets distincts : celui de la Cochinchine, celui du Cambodge et celui de l'Annam-Tonkin.

Mais il subsiste, malgré tout, une trace de la subordination de la colonie à l'égard de l'Union : le budget de la Cochinchine doit être arrêté par le Gouverneur général en Conseil supérieur (Décret du 7 décembre 1888) (2).

La constitution même de ce budget repose sur les prin-

(1) Il existe aussi dans l'organisation administrative de la Cochinchine une particularité d'autant plus intéressante qu'elle constitue une exception non seulement au système administratif des autres colonies, mais aussi à celui de la France elle-même : c'est *la personnalité de l'arrondissement*.

L'arrondissement en Cochinchine est non seulement une division administrative, possédant un Conseil spécial, mais encore c'est une personne morale ayant un budget distinct comme les communes (Décret du 5 mars 1889).

(2) Les budgets de l'Annam-Tonkin et du Cambodge sont dressés par le Gouverneur général et arrêtés par décrets rendus en Conseil des Ministres. — Les questions relatives à ces budgets rentrent dans la législation financière des pays de protectorat que nous avons exclus de notre étude réservée aux seules colonies. Un projet de thèse a été déposé à la Faculté de Droit de Paris sur le régime financier de l'Annam-Tonkin.

cipes généraux que nous connaissons. On y constate des particularités nombreuses dans l'application qui en est faite. C'est ainsi que si, en principe, il y a lieu de distinguer en Cochinchine les services à la charge de la métropole et les services locaux, l'importance et le nombre des premiers y sont très sensiblement réduits en comparaison de ceux des autres colonies. Des dépenses civiles comme celles du personnel de la justice et des cultes (1), des dépenses militaires comme celles du régiment des tirailleurs annamites qui, en règle générale sont supportées par le budget de l'Etat, prennent en Cochinchine le caractère de dépenses locales.

Si, d'autre part, tous les impôts perçus dans la colonie lui appartiennent, d'après le principe commun aux diverses parties de notre empire colonial, il faut reconnaître qu'en fait la Cochinchine se trouve dans la même situation que si l'Etat percevait un grand nombre de contributions sur son territoire, puisqu'elle est obligée d'abandonner environ le tiers de ses recettes (2) à la métropole sous la forme d'un contingent qui, à lui seul, dépasse de beaucoup le montant total des contributions imposées par l'Etat à toutes les autres colonies réunies.

La Cochinchine n'a jusqu'à ce jour retiré de l'union indo-chinoise qu'un surcroît de dépenses, les charges auxquelles elle est forcée de subvenir ne se trouvant pas limitées à son propre territoire.

Dernièrement encore, elle a vu mettre à la charge de

(1) Les dépenses des cultes ne grèvent pas non plus le budget local de la Cochinchine, la séparation des Eglises et de l'Etat se trouvant accomplie dans ce pays.

(2) En 1898 la Cochinchine doit verser au budget de l'Etat ainsi qu'on le verra plus loin, un contingent de 4.450.000 francs, plus une contribution de 4.442 francs.

son budget une notable partie des frais nécessités par l'expédition du Siam et de l'occupation du Laos (1).

En somme elle constitue parmi nos colonies l'unique exemple d'un établissement de rapport pour la métropole, exception qui semble du reste en contradiction absolue avec le système français de colonisation.

(1) Le décret du 13 janvier 1897 a fait de ces dépenses la répartition suivante : « La part contributive de chacun des pays de l'Union indo-chinoise dans les dépenses nécessitées par l'occupation du Laos est classée au nombre des dépenses obligatoires. Cette part contributive sera déterminée de la façon suivante : à la charge de la Cochinchine les 6/13 ; à la charge de l'Annam-Tonkin les 5/13 ; à la charge du Cambodge les 2/13. Toutes les dépenses relatives au Laos et à l'expédition du Siam engagées postérieurement au 30 septembre 1894 seront supportées dans les mêmes proportions par la Cochinchine, l'Annam-Tonkin et le Cambodge » (article 1er).

CHAPITRE PREMIER

DES SERVICES COMPRIS DANS LE BUDGET DE L'ÉTAT.

La législation budgétaire des colonies repose actuellement en théorie sur le principe de l'*unité* du budget, nous savons que c'est précisément là le point sur lequel, abandonnant le système de l'assimilation, le législateur s'est rapproché de l'autonomie coloniale. Alors que dans la métropole le mécanisme budgétaire est basé sur la superposition de deux budgets, celui de l'Etat et celui du département, comprenant le premier : les services d'intérêt général, le second les services d'intérêt local, dans la colonie au contraire, en un seul budget, le budget colonial, sont concentrés en principe tous les services. Ceux-ci, en effet, quelque général que soit leur caractère, intéressent tous directement la colonie qui demeure, malgré toute assimilation, un pays vivant d'une vie propre et non un département : tous les services doivent donc y être, au même titre, des services coloniaux.

C'est là une vérité reconnue et appliquée par les diverses nations européennes non seulement par celles qui, avec l'Angleterre, appliquent la doctrine de l'autonomie coloniale, mais aussi par les Etats qui, comme l'Espagne, la Hollande, le Portugal, ont adopté le système de l'assimilation.

Nous avons vu comment ce principe de l'unité budgétaire, après avoir été établi par les ordonnances de la Restauration et consacré par la loi du 24 avril 1833, fut abandonné en 1841 et adopté de nouveau par les sénatus-consultes de 1854 et de 1866.

Donc tous les impôts perçus dans la colonie lui restent acquis, toutes les dépenses, même d'intérêt général, lui incombent en principe.

Toutefois nous savons aussi qu'en France, l'Etat a tenu à subvenir lui-même à certaines dépenses dites de souveraineté, en échange desquelles il peut en retour réclamer à la colonie un contingent déterminé. De là la source de deux sortes d'opérations, recettes et dépenses, qui, bien qu'effectuées aux colonies, prennent encore place au budget de l'Etat.

Par quelles raisons cette exception au principe de l'unité budgétaire peut-elle se justifier? Du moment que l'on a reconnu qu'il était rationnel et pratique de ne pas superposer deux budgets dans la colonie, pourquoi maintenir une classification spéciale des dépenses de souveraineté? C'est, dit-on, parce qu'elles sont faites dans l'intérêt de la métropole. C'est là un critérium qui semble, à vrai dire, bien incertain et de nature variable (1).

De plus, il est indéniable que toutes ces dépenses, même celles dans lesquelles l'intérêt de la métropole apparaît le plus nettement, comme dans les dépenses militaires, toutes intéressent également la colonie, qui serait bien obligée d'y pourvoir si elle constituait un État indépendant.

Et de fait c'est bien reconnaître cet intérêt, que réclamer aux colonies le paiement de contingents en échange

(1) On ne saurait en trouver une meilleure preuve que dans la substitution par le législateur de 1882, au sujet de ces dépenses, d'une formule vague et extensible à la nomenclature limitative du sénatus-consulte de 1866.

des dépenses supportées par l'Etat. Les côtés défectueux de ce système des contingents, qui nous apparaîtront au cours de cette étude, plaideraient une fois de plus en faveur de l'observation intégrale du principe de l'unité budgétaire. Mais quel argument plus concluant saurait-on trouver que le chiffre colossal et toujours croissant des charges causées à l'Etat par les services coloniaux compris dans son budget? Que répondre à l'imposant total de plus de cent millions de dépenses résultant du dernier budget?

Quoi qu'il en soit il existe actuellement aux colonies des services qui créent des recettes et surtout des dépenses, dans le budget de l'Etat.

Ce sont ces services dont nous allons examiner le fonctionnement, suivant en cela l'ordre du décret du 20 novembre 1882 dont le titre Ier porte cette dénomination : *Services compris dans le budget de l'Etat.*

SECTION I

RECETTES.

Ces services, avons-nous dit, comprennent des opérations de recettes et de dépenses. Nous allons successivement les passer en revue.

Les recettes sont énumérées dans l'article 1er du décret de 1882. Ce sont :

1° Les contingents imposés aux colonies,

2° Le produit de la rente de l'Inde,

3° Les retenues pour pensions civiles,

4° Les produits de ventes ou cessions d'objets appartenant à l'Etat, les restitutions des sommes indûment payées et, en général, tous autres produits perçus dans les colonies pour le compte de l'Etat.

§ 1. — Contingents.

Le principe des contingents a été formulé en ces termes par l'article 6 du sénatus-consulte de 1866 (1) : « des contingents peuvent être imposés aux colonies jusqu'à concurrence des dépenses civiles maintenues au compte de l'Etat par l'article 5, et jusqu'à concurrence des suppléments coloniaux de la gendarmerie et des troupes. » Les décrets du 23 décembre 1878 sur l'organisation de la Guyane (article 33), du 25 janvier 1879 sur celle de l'Inde (article 28) et du 4 février 1879 sur celle du Sénégal (article 39) ont reproduit, dans les mêmes termes, la disposition de cet article, et le décret du 20 novembre 1882 se borne à répéter : « Les recettes faites aux colonies pour le compte du budget de l'Etat sont les suivantes : 1° Le contingent à fournir, s'il y a lieu, au Trésor public par les colonies, en exécution de l'article 6 du sénatus-consulte du 4 juillet 1866 et des lois annuelles de finances. »

Les contingents considérés comme la contre-partie des

(1) Le sénatus-consulte du 3 mai 1854 avait déjà posé le principe des contingents, mais sur des bases un peu différentes. L'article 15 disait en effet : « Les colonies dont les ressources seront reconnues supérieures à leurs dépenses locales pourront être tenues de fournir un contingent au Trésor public. » Et il ajoutait aussitôt : « Les colonies dont les ressources contributives seront reconnues insuffisantes pour subvenir à leurs dépenses locales pourront recevoir une subvention sur le budget de l'Etat. » Il établissait ainsi une corrélation nécessaire entre les contingents et les subventions, demandant aux colonies les plus riches de payer les dettes contractées envers l'Etat par les plus pauvres.

Le sénatus-consulte de 1866 a donné aux contingents leur seule raison d'être en les présentant comme la contre-partie dans une colonie des dépenses assumées par l'Etat dans l'intérêt de cette colonie.

dépenses de souveraineté supportées par l'Etat, devraient donc être limités, d'après la définition de l'article 6 au remboursement de ces dépenses, le chiffre de celles-ci ne pouvant être dépassé par celui des contingents. Ainsi le voulait en effet l'application du régime de 1866.

Mais la loi du budget de 1893, usant de son droit de dérogation à un texte qui a perdu son caractère constitutionnel (1), est venue apporter une base nouvelle à la fixation des contingents en facilitant l'extension de leurs chiffres.

Elle a introduit en effet le principe de la contribution des colonies non seulement aux dépenses civiles et militaires qu'elles occasionnent à l'Etat, mais aussi *aux charges générales* de l'Etat.

Cette innovation augmente les sommes à fournir annuellement par les colonies au budget métropolitain. Chaque année depuis 1893, la loi de finances à qui les sénatus-consultes de 1854 et de 1866 ont confié le rôle (2) de fixer les chiffres des contingents, contient deux sortes de dispositions : d'abord les contingents coloniaux, puis la con-

(1) « Il est manifeste qu'un vote du Sénat impérial ne saurait enchaîner la souveraineté des deux Chambres de la République, et que nous avons le pouvoir de régler législativement les obligations financières des colonies comme nous avons celui de déterminer la situation militaire des habitants. Il serait étrange que cette faculté ne nous appartînt pas quand les représentants des colonies sont admis à délibérer sur les charges fiscales des habitants de la métropole. » Rapport de M. Chautemps, député, au nom de la commission du budget de 1893 (service des colonies), *Journal officiel*, Documents, 1892, annexe 2316.

(2) « La loi annuelle de finances réglera la quotité du contingent imposable à chaque colonie ou, s'il y a lieu, la quotité de la subvention accordée » (art. 15 du sénatus-consulte, 3 mai 1854).

« La loi annuelle de finances règle la quotité de la subvention accordée à chaque colonie ou du contingent qui lui est imposé » (art. 6 du sénatus-consulte du 4 juillet 1866).

tribution coloniale. Cette dernière vient donc augmenter d'autant la part de dépenses primitivement imposée aux colonies sous le nom de contingents. Il est vrai que certaines dépenses auxquelles déjà antérieurement devaient en partie subvenir les colonies (dépenses des archives coloniales, du magasin central et de l'exposition permanente) ont disparu sous le terme plus général de contribution des colonies et qu'il les faut déduire de l'apparente augmention survenue en 1893. Il est vrai aussi que jusqu'ici les chiffres représentant la contribution coloniale sont demeurés fort peu élevés.

Mais le principe, une fois établi, peut permettre à l'Etat d'approcher progressivement d'une compensation plus exacte des dépenses que lui occasionnent les colonies et qui jusqu'à présent ont toujours dépassé dans une proportion considérable les recettes qui lui sont fournies par elles.

Le budget de 1898 porte au titre recettes d'ordre les chiffres suivants :

Contingents coloniaux (article 6 du sénatus-consulte du 4 juillet 1866) . . .	859.400 fr.
Contingent de la Cochinchine	4.450.000 »
Part de la Cochinchine dans les dépenses du câble du Tonkin	60.000 »
Contribution des colonies aux dépenses civiles et militaires qu'elles occasionnent à l'Etat et aux charges générales de l'Etat (1).	469.572 »
	5.838.972 fr.

A ce caractère pratique de l'innovation de 1893 vient

(1) L'article 28 de la loi de finances de 1898 fait la répartition par colo-

s'en joindre un autre se rattachant aux théories générales du système financier. Cette réforme représente en effet un pas en avant dans la voie de l'assimilation financière des colonies ; en créant la contribution coloniale elle établit un principe : les habitants des colonies ne doivent pas être traités autrement que ceux des autres parties du territoire et sont obligés de subvenir comme ces derniers aux charges que dans un Etat tout citoyen doit supporter.

Pour si équitable qu'apparaisse ce principe, il n'en est pas moins vrai qu'il conduit à un résultat fâcheux en mettant désormais un obstacle à la complète réalisation de l'unité budgétaire. En effet la contribution coloniale cessant d'être l'exacte compensation des dépenses de souveraineté alors même que ces dernières seraient attribuées aux budgets locaux, la part contributive des colonies aux

nie du total de 469.572 fr. représentant la contribution coloniale :

Cochinchine	4.442 fr.
Protectorat Annam-Tonkin	100.900 »
Martinique	65.032 »
Guadeloupe	71.060 »
Réunion	67.076 »
Guyane	32.435 »
Sénégal	16.805 »
Soudan	3.000 »
Guinée	3.600 »
Côte d'Ivoire	3.600 »
Dahomey	3.600 »
Congo	4.530 »
Madagascar	9.570 »
St-Pierre et Miquelon	7.992 »
Mayotte	2.410 »
Comores	» »
Taïti	11.821 »
Nouvelle-Calédonie	33.619 »
Inde	25.780 »
Côte de Somalis	300 »
Cambodge	2.000 »
Total égal	469.572 fr.

charges générales de l'Etat viendrait toujours prendre place dans le budget de ce dernier. Il est vrai que le jour où les colonies pourront se passer du secours pécuniaire de la métropole ne semble pas très prochain, mais ce jour-là le maintien des contingents coloniaux représenterait une véritable mesure d'exception, un tribut imposé à la colonie, comme cela se passe actuellement pour la Cochinchine. Car, quoi qu'on dise, la situation des colons ne peut être complètement assimilée à celle des habitants de la métropole à l'égard des charges générales de l'Etat. Comment faire équitablement supporter aux premiers des dépenses dont les seconds sont en somme les seuls à retirer des avantages? Tout ce que l'on peut demander aux colonies c'est de se suffire à elles-mêmes et de rembourser à l'Etat les dépenses qu'il a pu faire pour leur organisation, les dépenses de conquête devant rester légitimement à la charge de la métropole qui en a retiré un profit direct en augmentant son domaine. Exiger davantage serait méconnaître ce principe que « les colonies ne doivent pas être considérées comme une source de produits pour le Trésor » (1). Ce serait vouloir retirer d'elles un avantage fiscal, vouloir les faire « rapporter » (2) et les partisans

(1) Rapport de M. Etienne, député, au nom de la commission du budget de 1887 : « Les colonies, ajoute-t-il, doivent être à la fois un moyen d'action pour le développement de la puissance politique et militaire du pays et un débouché pour ses produits. Placées sur tous les points du globe, elles témoignent de la grandeur de la patrie, affirment son génie civilisateur et deviennent au besoin un facteur sérieux de la défense nationale. *Leur assigner un autre rôle, c'est commettre une erreur que rien ne peut justifier.* » (*Journal officiel*, 1886, annexe 1201.)

(2) « Il se peut qu'une colonie coûte d'abord, mais il faut que dans un temps donné, elle arrive à se suffire, puis à *rapporter*. Il serait excessif d'attribuer à cette dernière expression une valeur absolue. Elle ne signifie point que tôt ou tard l'on pourra inscrire au budget le dividende des capitaux engagés dans les entreprises lointaines. Ce que nous voulons dire,

de la contribution coloniale se défendent d'une pareille intention, déclarant que pour la colonie « être assimilée à la métropole ce n'est pas lui payer tribut (1) ».

A la vérité, rien ne peut faire craindre jusqu'ici un pareil résultat et les colonies ne sont pas encore près de *rapporter* à l'Etat français pour lequel elles sont au contraire la source de dépenses considérables. L'observation précédente ne saurait avoir qu'une portée théorique.

Ce n'est pas seulement à la contribution créée en 1893 que sont adressées les critiques. Le système des contingents en général a été et est encore l'objet d'un autre ordre de reproches fondés sur les inégalités injustifiées qu'il crée entre les colonies. Ces critiques sont corroborées par la statistique qui relate de grandes différences de proportion entre les charges supportées de ce chef par les diverses colonies. Le mode de fixation des contingents par la loi de finances, qui représente dans un sens une garantie, laisse place à l'arbitraire et à l'inexactitude d'évaluation des ressources coloniales. Partant de cette vérité que les anciennes colonies peuvent supporter des contingents qui entraveraient le développement des nouvelles, on en arrive à maintenir une inégalité de traitement longtemps après qu'elle a cessé d'être explicable.

C'est ainsi que la situation de la Cochinchine apparaît comme véritablement injuste : payant à elle seule plus de 4 fois l'imposition réclamée à toutes les autres colonies, sans recevoir en retour aucune subvention et ayant à sup-

c'est que tous les contribuables coloniaux devront être appelés, dans un avenir plus ou moins éloigné, à supporter au même titre que les habitants de la métropole, leur part de dépenses générales de la patrie. » Rapport de M. Charles Roux, député, au nom de la commission du budget de 1894 (*Journal officiel*, 1893, annexe 2839).

(1) Girault, *Législation coloniale*, p. 494.

porter la plupart des dépenses de souveraineté que l'Etat prend à sa charge dans les autres colonies.

L'intérêt des colonies ne serait pas le seul à réclamer la suppression du système des contingents. Celui de l'Etat y trouverait aussi son profit. Les dépenses de souveraineté étant désormais supportées par la colonie, cette source de confusion disparaîtrait aussi bien du budget de l'Etat que des finances coloniales. Il n'y aurait plus, comme à présent, deux parties dans la subvention de la métropole : une sorte de subvention en nature représentée par les services que l'Etat paye et une subvention en argent. Cette dernière subsisterait seule dans les colonies qui la nécessiteraient, et l'on verrait clairement apparaître par son seul chiffre ce que coûte la colonie à la métropole.

§ 2. — Rente de l'Inde.

La rente de l'Inde est versée annuellement à la France par l'Angleterre, en exécution de la convention du 13 mai 1818, qui abandonnait aux Anglais, dans l'Inde, le monopole de l'exploitation des salines. Cette convention ne faisait que consacrer la ruine de l'industrie française du sel dans nos possessions de l'Inde.

Le traité du 7 mars 1815 avait déjà enlevé aux colons français une grosse part des revenus qu'ils retiraient de leurs salines, en les obligeant à vendre exclusivement à l'Angleterre le sel produit. Celle-ci s'engageait en retour à le payer à un prix raisonnable, à verser au gouvernement français une rente annuelle de « quatre lacs de roupies siccas » et à ne pas priver les villes françaises de l'Inde de la quantité de sel nécessaire à leur consommation.

Mais une fois assurée de son privilège, l'Angleterre se

soucia peu d'en user et les colons français ne pouvant, de par le traité, trouver ailleurs l'écoulement de leur produit, firent entendre leurs réclamations contre l'injuste condamnation dont était frappé leur commerce. Ils demandèrent pour leur vente ou bien la liberté ou bien la certitude. Le gouvernement anglais ne leur accorda ni l'une ni l'autre. Il proposa à la France l'achat même de l'exploitation moyennant une indemnité aux propriétaires des salines et la continuation d'une rente à l'Etat français. La France accepta par la convention du 13 mai 1818.

La rente de l'Inde, évaluée au début à plus d'un million, a subi une décroissance continue, correspondant à celle de la valeur du métal blanc au taux duquel elle continue à être calculée, et se trouve en 1898 inscrite au budget de l'Etat pour la somme de 668,000 francs.

Sa présence dans ce budget ne semble point à l'abri de toute critique. Ne serait-il pas équitable en effet d'attribuer à la colonie le profit qu'elle-même a payé de la ruine de son commerce et qui ne représente pour l'Etat français qu'une infime ressource ?

§ 3. — Retenues pour le service des pensions civiles.

L'article 1er du décret du 20 novembre 1882 indique, comme troisième source de recettes de l'Etat aux colonies « les retenues exercées en vertu de la loi du 9 janvier 1853 sur le service des pensions civiles. La loi du 9 juin 1853 en substituant l'Etat aux diverses caisses de retraite lui donna en retour de l'énorme charge qu'il assumait, le produit des retenues exercées sur les traitements des fonctionnaires. Fixant les conditions nécessaires au service des pensions, elle décida qu'aucun agent rétribué sur les fonds publics ne pourrait bénéficier de la pension accordée par elle, s'il n'avait au préalable subi, durant l'activité de son service, des retenues de trois sortes :

1° Une déduction de 5 0/0 du traitement ;

2° Un douzième du traitement à l'entrée en fonctions et un douzième de l'augmentation ;

3° Des retenues pour causes de congé ou de peines disciplinaires.

Tous les fonctionnaires coloniaux dont les pensions sont payées par l'Etat, supportent ces retenues qui figurent en recettes dans le budget métropolitain.

Si, comme cela serait juste, toutes les colonies avaient à pourvoir elles-mêmes aux pensions de leurs agents, elles percevraient d'autre part les retenues et cette troisième catégorie de recettes disparaîtrait du budget de l'Etat (1), où elle est inscrite en 1898 pour la somme de 859.000 fr.

Le budget de l'Etat serait en revanche dégrevé des dé-

(1) La loi de finances du 13 avril 1898 vient de réaliser en partie cette réforme, en ce qui concerne les fonctionnaires des serviees locaux de l'Indo-Chine. L'article 43 porte « les fonctionnaires, employés et agents civils placés sous le régime de la loi du 9 juin 1853, qui seront admis à titre définitif dans les services locaux de l'Indo-Chine à partir du 1er janvier 1899 ne pourront plus prétendre à une pension de retraite payable sur le Trésor public.

Les pensions de retraite à leur attribuer seront payées sur les fonds d'une caisse locale de retraite à l'entretien de laquelle les divers budgets locaux de l'Indo-Chine contribueront obligatoirement, proportionnellement au nombre des participants et dont le régime et le fonctionnement seront réglés par un décret rendu sur la proposition du Ministre des colonies après avis du Ministre des Finances.

Les retenues au profit de l'Etat pour le service des pensions civiles cesseront d'être opérées à compter du jour de la renonciation.

Les dispositions du présent article ne seront pas applicables aux magistrats, ni aux agents appartenant aux administraiions métropolitaines mis à la disposition du Ministère des colonies.

penses nécessitées par le paiement des pensions correspondantes dont le chiffre ne peut être facilement dégagé de l'ensemble des pensions civiles comprises dans l'état de la dette publique (Etat, annexe A), mais que l'on peut évaluer en s'appuyant sur la proportion entre le total des retenues et le total des pensions, environ au triple de la recette. Il convient d'ajouter ce chiffre aux dépenses métropolitaines dans l'énumération desquelles il ne trouve pas place, lorsque l'on veut se rendre compte des charges de l'Etat aux colonies.

§ 4. — Recettes diverses.

Les recettes que le décret de 1882 désigne sous les noms de « ventes ou cessions d'objets appartenant à l'Etat, restitution de sommes indûment payées et en général tous autres produits perçus dans les colonies pour le compte de l'Etat » comprennent des produits moins importants.

Ce sont ceux du domaine de l'Etat aux colonies (1), ceux provenant du travail des condamnés et diverses recettes qui ne pourraient guère rentrer dans une classification déterminée. Nous nous bornerons à les relever avec le chiffre qui les accompagne dans le budget de 1898.

On trouve au titre des produits divers du budget les produits de location et d'aliénation de domaines de l'Etat à la Nouvelle-Calédonie . . . . 40.000 fr.

Le remboursement par la Martinique d'une

(1) Pour les questions de domanialité aux Colonies : V. Crémazy, De la domanialité publique à la Martinique et à la Réunion (*Revue générale de droit*, années 1889, 1890, 1892 et 1893) et Garnier (*Législation domaniale des Colonies françaises* (thèse de doctorat), Paris, 1897.

avance faite par l'Etat, en 1892. . . . . . 300.000 »

Le remboursement des frais de contrôle et de surveillance des chemins de fer aux colonies . . . . 26.400 »

Enfin les recettes provenant du travail des condamnés à la Nouvelle-Calédonie et à la Guyane représentant la somme de. . . . . 600.000 »

Cette dernière somme vient en très faible déduction des dépenses nécessitées par l'administration pénitentiaire. Ces dépenses, comme nous le verrons, ne peuvent être comprises qu'à tort dans les dépenses coloniales, puisque le service qui les nécessite intéresse uniquement l'Etat. Nous ne ferons donc pas intervenir leur chiffre, pas plus que celui des recettes correspondantes dans le calcul des charges métropolitaines aux colonies.

En résumé les recettes perçues par l'Etat aux colonies s'élèvent pour 1898 à un peu plus de 8 millions (1) représentant une bien faible compensation des 100 millions de dépenses que nous allons passer en revue

SECTION II

DÉPENSES.

Le sénatus-consulte de 1866 a mis à la charge de l'Etat deux sortes de dépenses : les dépenses de souveraineté et

(1) Les 8 millions de recettes se décomposent ainsi :

Contingents et contribution	5.838.972 fr.
Rente de l'Inde	668.800 »
Retenues pour pensions civiles.	859.400 »
Recettes diverses	966.400 »
	8.333.572 fr.

les subventions. Les premières se trouvaient énumérées dans l'article 5 par leur élimination des dépenses locales : « le budget de la colonie comprend toutes les dépenses autres que celles relatives : au traitement du Gouverneur, au personnel de la justice et des cultes, au service du Trésorier payeur, aux services militaires » qui rentrent dans le budget de l'Etat.

Quant aux subventions prévues par l'article 15 du sénatus-consulte de 1854, elles étaient consacrées par l'article 6 en ces termes : « des subventions peuvent être accordées aux colonies sur le budget de l'Etat ».

Cette énumération limitative des dépenses de l'Etat qui avait sa raison d'être dans les anciennes colonies, ne saurait convenir dans les établissements nouveaux où les charges de l'Etat varient avec les besoins de l'établissement, la rapidité ou la lenteur de son organisation, le degré de sa prospérité. Aussi le décret du 20 novembre 1882, dans son œuvre de généralisation, a tenu à ajouter à la liste des dépenses métropolitaines une formule pouvant trouver son application dans toutes les colonies. C'est pourquoi l'article 3 ajoute : « et généralement toutes les dépenses dans lesquelles l'Etat a un intérêt direct et qui sont mises à la charge de la métropole par les lois annuelles de finances ou par des lois spéciales (1) ».

En réalité l'Etat ne se soumet aujourd'hui à aucune

(1) Le décret de 1882 classe aussi dans les dépenses de l'Etat les subventions à l'Instruction publique.

Mais, malgré les termes exprès de cette énumération, le décret n'a modifié en rien l'état de fait antérieur et les lois de finances n'ont jamais depuis contenu d'articles portant cette mention. Au contraire, les dépenses locales des colonies se sont accrues à ce sujet depuis la loi du 30 octobre 1886 qui a été, par son article 181, déclarée applicable à la Martinique, la Guadeloupe et la Réunion : l'instruction est devenue dans ces colonies, obligatoire, gratuite et laïque.

règle précise au sujet des dépenses qu'il assume aux colonies (1). On peut dire seulement que partout où il y a un budget local, l'Etat se charge des dépenses de souveraineté, guerre, marine, justice, cultes, service de la trésorerie, traitement du gouverneur et de l'administrateur, et que, de plus, il intervient dans toutes les dépenses ayant un caractère d'intérêt général comme la création de voies ferrées, de port, de canaux, l'installation de câbles, etc.

Toutes ces dépenses forment un ensemble dont les lois de finances donnent des divisions variables. Actuellement le budget répartit les dépenses occasionnées à l'Etat par les colonies en 4 classes : 1° dépenses communes ; 2° dépenses civiles ; 3° dépenses militaires ; 4° Dépenses du service pénitentiaire. Suivons-le dans cette classification.

§ 1. — Dépenses communes.

En une première catégorie, sous la dénomination de dépenses communes sont comprises toutes les dépenses faites dans la métropole, même pour l'organisation centrale à Paris du service des colonies. En 9 chapitres le budget de 1898 énumère, sous ce même titre, tous les faits se rattachant à l'administration centrale : le traitement du Ministre des colonies, le traitement affecté au personnel du ministère, le matériel de l'administration centrale, le service central des marchés, le service administratif des colonies dans les ports de commerce de la métropole, l'inspection des colonies, etc.

Ces dépenses sont dites communes parce qu'elles inté-

(1) « Il n'y a aucune classification rigoureuse dans les dépenses payées par la métropole et dans celles mises à la charge des colonies. » Dislère, *Organisation des colonies*, p. 64.

ressent à un égal degré chacune de nos colonies qui profitent toutes, également, de l'administration centrale. Si ces dépenses se sont trouvées augmentées par la loi du 20 mars 1894 (1) portant création d'un ministère des colonies, cette augmentation a été causée par le souci des intérêts coloniaux en vue desquels cette mesure a été prise. Ne serait-il pas juste, dès lors, de voir ces dépenses mises à la charge des budgets coloniaux, au moins en partie? car si l'on peut soutenir que l'Etat trouve ici un intérêt, dans le fonctionnement d'une administration qui resserre les liens qui rattachent à lui ses colonies, il paraît bien un peu excessif d'en faire supporter tout le poids aux contribuables métropolitains. Dans la plupart des pays, les colonies pourvoient en totalité ou en partie aux dépenses de l'administration centrale. En Espagne, par exemple, les colonies prennent part aux dépenses du ministère d'Ultramar dans la proportion suivante : Cuba, 50 0/0, Porto-Rico, 20 0/0, Philippines, 30 0/0. De plus, Cuba et Porto-Rico paient une partie de la dépense d'une chambre de la Cour des comptes. Une contribution analogue se retrouve dans les colonies hollandaises et portugaises.

Les raisons qui peuvent encore plaider en faveur du maintien des dépenses communes dans le budget de l'Etat, disparaissent complètement lorsqu'il s'agit de la seconde catégorie de dépenses, les dépenses civiles.

§ 2. — **Dépenses civiles.**

Les dépenses civiles comprennent, au cours des 19 chapitres qu'elles occupent au budget de 1898, d'une part les

(1) Voir les décrets du 5 mai 1894 et du 18 juillet 1894 sur l'organisation de l'administration centrale de ce ministère.

frais des services civils que l'Etat prend à sa charge aux colonies, d'autre part, les subventions qu'il accorde à certaines d'entre elles. Il convient de séparer ces deux catégories de dépenses :

La première comprend les frais du personnel et du matériel des services civils, de la justice, des cultes, des travaux publics, les frais de voyage du personnel, l'exposition permanente des colonies, les missions, bourses et études coloniales, etc. Il faut ajouter à cette liste les frais de service des pensions versées par l'Etat aux fonctionnaires coloniaux, dont le montant se trouve confondu avec celui des autres pensions comprises dans l'état A annexé au budget.

Les subventions se répartissent ainsi qu'il suit : 1° subvention aux budgets locaux du Congo et de Madagascar ; 2° subvention au service local de certaines colonies ; 3° subvention à certaines entreprises de chemins de fer.

Non seulement chacune de ces deux catégories, services civils et subventions, doit être distinguée, mais encore elles ne devraient pas trouver place dans le même texte budgétaire. Tandis que les subventions font évidemment partie des dépenses de l'Etat, représentant comme on l'a dit « le cadeau (1) » fait par la métropole à ses possessions, il est au contraire reconnu que, de toutes les dépenses du ministère des colonies, les frais de services civils sont ceux où l'intérêt colonial est le plus manifeste. Il l'est même à tel point que l'intérêt de l'Etat semble disparaître derrière lui. En effet, comment les colonies ne seraient-elles pas directement intéressées au fonctionnement de leurs propres services ? Ne seraient-elles pas obligées d'y pourvoir en l'absence de l'Etat ? Quoi de plus naturel par

(1) Girault, p. 488

conséquent que de leur en imposer la charge et de faire disparaître du budget de l'Etat une catégorie de dépenses qui le grèvent injustement ?

De plus, l'intérêt colonial dont l'évidence éclate perd ici le caractère général qu'il présentait dans les dépenses communes. Si chaque colonie est intéressée à son organisation, à ses services, à leur fonctionnement, il n'y a guère de raison pour qu'elle le soit à l'organisation et au fonctionnement des services de sa voisine ; aussi ne peut-on équitablement la faire contribuer aux frais qu'elle-même n'a pas occasionnés. Et c'est pourtant ce que l'on fait actuellement : les colonies au moyen de leurs contingents ne subviennent point en définitive aux dépenses dans une exacte proportion de leurs services. Ainsi la réintégration des dépenses civiles dans les budgets locaux donnerait à la fois satisfaction au principe de l'unité budgétaire et à l'équité dans la répartition des charges entre les diverses colonies.

§ 3. — Dépenses militaires.

Ces deux ordres de considération retrouvent encore leur place en ce qui concerne la troisième classe de dépenses.

Les 16 chapitres que comprend la loi de finances de 1898 sous la dénomination de dépenses militaires peuvent se résumer en deux groupes :

D'une part, les dépenses qui se retrouvent dans toutes les colonies : frais des troupes de la gendarmerie, des commissariats, des hôpitaux.

De l'autre, les dépenses occasionnées plus spécialement par la défense et l'occupation de certaines d'entre elles encore récentes ou de formation plus lente.

La présence des dépenses du premier groupe dans le

budget de l'Etat ne semble guère justifiée, car celles-ci constituent en somme des frais de police locale, d'administration et même d'assistance dont il faudrait bien que la colonie assumât la charge si elle était indépendante. Rien ne saurait être plus normal que de les comprendre dans les dépenses locales.

Dans les divers pays dont le système colonial se rapproche du nôtre en Espagne, en Portugal, en Hollande, les colonies supportent non seulement toutes les dépenses civiles, mais encore les charges militaires. Les colonies espagnoles et portugaises pourvoient dans leurs budgets locaux à tous les frais de l'armée et même de la marine occassionnés par elle. En Hollande il est fait exception pour l'entretien des navires de la marine nationale employés aux Indes Néerlandaises qui demeure à la charge de la métropole.

Quant aux frais d'occupation, il est certain qu'on peut les considérer comme à bon droit supportés par la métropole en compensation de l'honneur qu'elle en retire. Mais ils n'en doivent être qu'à plus forte raison séparés de l'ensemble des dépenses coloniales afin d'éviter que les colonies ne paient les unes pour les autres, ce qui arrivera dans la suite grâce au système des contingents. Rien n'empêcherait l'Etat de mettre, en principe, ces frais à la charge des colonies qui les auraient nécessités, mais de les solder lui-même sous la forme de subventions accordées par lui à ces mêmes colonies.

§ 4. — **Dépenses du service pénitentiaire.**

Tandis que les trois premières classes de dépenses se rapprochent par le caractère colonial qui leur est commun, la quatrième classe comprend au contraire des dépenses essentiellement et uniquement métropolitaines.

Les 4 chapitres occupés par ces dépenses (personnel et matériel du service pénitentiaire, hôpitaux, frais de transport de condamnés) ne peuvent intéresser que l'Etat qui est bien obligé de pourvoir à des frais qui sont faits dans le but d'assurer le repos de la métropole et qui ne représentent aucun avantage, sinon des inconvénients pour les colonies dans lesquelles ils sont liquidés.

La place de ces dépenses, tout en demeurant dans le budget de l'Etat, ne peut pas être au titre des dépenses coloniales, car ce ne sont pas les colonies qui les occasionnent. De même ne peut-on considérer comme des recettes coloniales perçues par l'Etat, les produits du travail des condamnés. Ces dernières n'apportent qu'une très faible compensation (600,000 fr.) aux dépenses du service pénitentiaire qui s'élèvent à 9,389,300 francs.

Enfin le budget de l'Etat contient une cinquième division comprenant trois chapitres sous le nom de dépenses des exercices périmés, dépenses des exercices clos, et rappels des dépenses payables sur revues antérieures à 1898. Ces trois derniers chapitres ne sont inscrits au budget que pour mémoire.

Voici, du reste, reproduit par chapitres, le montant des dépenses que nous venons d'examiner :

1° *Dépenses communes.*

Chapitres		
1.	— Traitement du ministre et personnel de l'administration centrale	695.000
2.	— Matériel de l'administration centrale	137.000
3.	— Frais d'impression, publication de documents et abonnements	108.000
4.	— Frais de dépêches télégraphiques	102.000
5.	— Service central des marchés	120.000

Chapitres	
6. — Service administratif des colonies dans les ports de commerce de la métropole.	162.500
7. — Inspection des colonies.	311.000
8. — Secours et subventions.	44.500
9. — Subventions à diverses compagnies pour les câbles sous-marins.	707.500

2° *Dépenses civiles.*

10. — Personnel des services civils	489.561
11. — Personnel de la justice.	1.470.000
12. — Personnel des cultes.	602.000
13. — Service des travaux publics.	53.000
14. — Matériel des services civils.	17.100
15. — Frais de voyage par terre et par mer et dépenses accessoires.	325.000
16. — Exposition permanente des colonies et renseignements commerciaux. Service géographique.	43.400
17. — Participation à l'Exposition universelle de 1900.	2.000
18. — Missions dans les colonies	210.000
19. — Bourses coloniales.	28.000
20. — Etudes coloniales	10.000
21. — Emigration de travailleurs aux colonies. . . .	75.000
22. — Quatrième des quatorze annuités à payer à des exploitations agricoles pour la mise en valeur d'établissements français.	360.000
23. — Subvention au budget local du Congo français.	2.353.000
24. — Subvention au budget local de Madagascar. . .	1.800.000
25. — Subvention au service local de certaines colonies.	765.307
26. — Subvention au budget annexe du chemin de fer et du port de la Réunion.	2.508.500
27. — Subvention au budget annexe du chemin de fer du Soudan français	768.000
28. — Chemin de fer de Dakar à St-Louis.	1.270.000

3° *Dépenses militaires.*

29. — Troupes aux colonies et comité technique. . .	5.799.372
30. — Gendarmerie coloniale.	1.630.000
31. — Commissariat colonial	871.500

Chapitres	
32. — Inscription maritime.	60.000
33. — Comptables coloniaux	346.000
34. — Service de santé (personnel)	1.092.000
35. — Service de santé (matériel).	1.474.000
36. — Vivres et fourrages.	3.310.000
37. — Frais de voyage par terre et par mer et dépenses accessoires	1.400.000
38. — Matériel de casernement, de campement et de couchage	274.000
39. — Matériel des services militaires.	1.444.000
40. — Défense des colonies.	1.200.000
41. — Frais d'occupation du Soudan français.	6.180.000
42. — Route de Konakry au Niger.	100.000
43. — Dépenses des services militaires et maritimes en Annam et au Tonkin	23.250.000
44. — Dépenses militaires à Madagascar.	18.276.000
4° *Service pénitentiaire.*	
45. — Administration pénitentiaire (personnel) . . .	2.649.500
46. — Administration pénitentiaire (hôpitaux, vivres, habillement et couchage)	4.129.900
47. — Administration pénitentiaire (frais de transport).	1.170.000
48. — Administration pénitentiaire (matériel)	1.439.900
5°	
49. — Dépenses des exercices périmés non frappés de déchéance	mémoire.
50. — Dépenses des exercices clos.	mémoire.
51. — Rappels de dépenses payables sur revues antérieures à 1898.	mémoire.
Total.	91.633.540

A ce total de 91.633.540 francs viennent encore s'ajouter, pour partie tout au moins, diverses dépenses qui se dissimulent dans les autres parties du budget.

Ce sont : 1° dans la partie de la dette publique, les *pensions civiles* dont nous avons déjà parlé et dont il est impossible d'évaluer exactement le chiffre ; le *remboursement par annuités des dépenses de l'expédition de Madagascar et de l'expédition de Siam* s'élevant à 5.191.290 fr. (chap. X).

2° Dans la partie des pouvoirs publics *le traitement des sénateurs et des députés coloniaux* représentant une dépense de 126.000 fr.

3° Aux services généraux du ministère du commerce les diverses *subventions aux services maritimes postaux et télégraphiques* intéressant les colonies, dont l'ensemble s'élève à 23.574.264 francs (2e section, chapitres 21 à 38) et les *secours aux colons de St-Domingue réfugiés de St-Pierre et Miquelon et du Canada*, inscrits pour la somme de 10.000 francs (1re section, chapitre 45). On arrive ainsi à dépasser le chiffre de 100 millions de dépenses pour le budget de 1898.

En résumé l'Etat devrait attribuer aux budgets coloniaux, toutes les dépenses coloniales à l'exception des dépenses du service pénitentiaire qui ne peuvent, du

(1) Chapitre 21. — Subvention au service maritime de New-York et des Antilles, primes de vitesse. . . . . . . 11.258.000 fr.
Chapitre 22. — Subvention au service maritime de l'Indo-Chine et du Japon. . . . . 6.083.688 »
Chapitre 24. — Subvention au service maritime de l'Australie et de la Nouvelle-Calédonie . . . . 3.107.936 »
Chapitre 25. — Subvention au service maritime de la côte orientale d'Afrique. . . . . 1.924.640 »
Chapitre 26. — Subvention au service maritime de la côte occidentale d'Afrique . . . . 500.000 »
Chapitre 27. — Subvention à la compagnie concessionnaire du câble reliant à St-Louis du Sénégal les possessions de Rio-Nunez, Grand Bassam, Porto-Novo et le Gabon 300.000 »
Chapitre 28. — Subvention à la compagnie concessionnaire du câble reliant la France à l'Amérique et aux Antilles. . . . . 400.000 »
Ensemble . . . . 23.574.264 fr.

reste, être comprises sous cette dénomination. Il ne resterait plus au budget de l'Etat que les subventions qu'il se croirait tenu d'octroyer à certaines de ses colonies. Les subventions pourraient, il est vrai, se trouver augmentées, mais du moins l'étendue de la charge assumée par la métropole apparaîtrait nettement et en même temps l'unité du budget colonial se trouverait réalisée. S'il est vrai que l'Etat ait un intérêt à l'exécution de ces services qui assurent le bon fonctionnement de l'administration coloniale, cet intérêt serait suffisamment sauvegardé par l'insertion de ces dépenses dans les budgets coloniaux au nombre des dépenses obligatoires. C'est le mode de réintégration qu'a employé la loi de finances de 1897 à l'égard d'une dépense particulière. L'article 17 de cette loi porte, en effet : « sont ajoutées aux dépenses obligatoires des budgets locaux des colonies énumérées dans l'article 7 du sénatus-consulte du 4 juillet 1866, les frais de représentation des gouverneurs tels qu'ils sont fixés par décret. »

Mais ces demi-mesures ne sont pas un remède suffisant, car elles laissent subsister l'incertitude de délimitation entre les dépenses métropolitaines et les dépenses coloniales qui se trouvent d'autre part en opposition constante.

La métropole est jusqu'à ce jour la dupe de ses colonies par l'impossibilité où elle se trouve de se rendre un compte exact des dépenses qu'elle fait pour elles. Mais n'ignorant pas le rôle qu'elle joue (1), elle ne perd point en retour les occasions qui se présentent de prendre une revanche chaque fois qu'il s'agit de contraindre les colonies

(1) « Les colonies ne regardent pas assez à demander l'accroissement des dépenses qui sont à la charge de l'Etat et celui-ci n'a pas, de son côté, une attitude moins dégagée quand il s'agit de celles qui doivent incomber aux budgets locaux. » Rapport de M. Chautemps, budget de 1893.

à pourvoir aux dépenses obligatoires dont les limites varient suivant celles que l'État fixe lui-même à ses propres dépenses. Ce n'est que par la suppression radicale de ces dernières du budget métropolitain que l'on arriverait à faire disparaître ces causes incessantes de froissement entre la métropole et ses possessions.

Les législations étrangères nous donnent l'exemple sur ce point, car, dans tous les pays qui ont doté leurs colonies de budgets spéciaux, le principe de l'unité de ces budgets est scrupuleusement observé.

SECTION III

EXÉCUTION DES SERVICES MÉTROPOLITAINS.

Le décret de 1882 divise les services exécutés aux colonies et compris dans le budget de l'Etat en deux groupes suivant le mode d'exécution qu'ils reçoivent. Il distingue les *services dont les dépenses sont acquittées au moyen d'ordonnances de délégation* et ceux dont *les dépenses sont effectuées au moyen de traites.*

Les premiers représentent la généralité des services exécutés aux colonies pour le compte de l'Etat.

Les seconds sont des services spéciaux intéressant les dépenses de la marine.

Nous allons examiner successivement les règles propres à chacun de ces services.

§ 1. — **Services dont les dépenses sont acquittées au moyen d'ordonnances de délégation.**

L'exécution du service des dépenses est confiée à deux

sortes d'agents : d'une part, les ordonnateurs, de l'autre, les comptables. Cette division d'attributions a été formellement établie par l'ordonnance du 14 septembre 1822. « Les fonctions d'administrateur et d'ordonnateur sont incompatibles avec celles de comptable », formule qu'a reproduite l'article 17 du décret du 31 mai 1882. « La séparation des fonctions d'ordonnateurs et celles de comptables est un principe fondamental de comptabilité publique consacré par la loi de 1807 (1). » Les rôles sont du reste nettement répartis : « Les ordonnateurs établissent les titres des créanciers de l'Etat ; les comptables payent les créanciers au vu de ces titres (2). » Quels sont les ordonnateurs et les comptables chargés de l'exécution des services métropolitains aux colonies, et suivant quelles règles se développent leurs attributions respectives. Telles sont les questions dont le décret de 1882 s'est préoccupé de déterminer la solution.

A. — *Règles relatives aux ordonnateurs.*

Chaque ministre étant ordonnateur principal dans son département, c'est donc au ministre des colonies qu'appartient en principe l'ordonnancement des dépenses de son ministère. Mais le ministre peut déléguer ses attributions à des agents locaux qui prennent nom d'*ordonnateurs secondaires*. C'est ce qui se passe pour les services exécutés aux colonies. Les ordonnateurs secondaires sont au nombre de trois, et d'après l'article 4 du décret de 1882, ayant chacun un domaine d'attributions limité à la nature du service auquel il est préposé : le Directeur de l'Intérieur (3)

(1) Ducrocq, *Cours de droit administratif*, t. I, p. 414.
(2) Stourm, *Le budget*, p. 456.
(3) La suppression du Directeur de l'Intérieur va entraîner le remplace-

pour les dépenses des services civils ; l'officier du commissariat pour celles des services militaires et le directeur de l'administration pénitentiaire pour celles du service pénitentiaire.

Ces ordonnateurs secondaires peuvent encore sous-déléguer leurs attributions dans le cas d'un trop grand éloignement entre les diverses parties d'une colonie (article 7).

Les ordonnances de délégations envoyées par le ministre aux ordonnateurs secondaires permettent à ces derniers de se servir de la part affectée à chacun d'eux dans les crédits ouverts au budget (1) : « leur rôle consiste à subdiviser l'ordonnance collective du ministre en *mandats de paiement* individuels au profit de chaque créancier (2). » Les ordonnateurs secondaires se trouvant dans la nécessité de pourvoir aux dépenses dès le début de l'exercice financier, il faut que les ordres qui leur permettent d'y pourvoir leur soient déjà parvenus à ce moment, Pour cette cause il convient, étant donnée la distance qui sépare la colonie de la métropole que le ministre puisse émettre les ordonnances de délégation avant l'ouverture de l'exercice. Il le peut d'après l'article 5 du décret de 1882.

Mais l'ordonnance ministérielle bien qu'émise avant l'ouverture de l'exercice peut encore arriver trop tard dans la colonie. L'article 6 prévoyant ce cas disposait, qu'en cas de retard, le Gouverneur pouvait ouvrir d'urgence à l'ordonnateur secondaire le crédit nécessaire en prenant

ment de ce fonctionnaire par le Gouverneur, comme ordonnateur secondaire des dépenses métropolitaines.

(1) Le décret du 31 mai 1862 définit ainsi l'ordonnance de délégation : « Les ordonnances de délégation sont celles pour lesquelles les ministres autorisent les ordonnateurs secondaires à disposer d'une partie de leurs crédits pour des mandats de paiement au nom d'un ou de plusieurs créanciers. » Article 34.

(2) Stourm, *Le budget*, chapitre XXIV.

un arrêté en Conseil privé. Cet arrêté devait être notifié au comptable et une copie immédiatement adressée au ministre de la colonie, ainsi qu'à celui des finances. Malgré cet ensemble de précautions, de nombreux abus rendaient nécessaire une modification. Elle a été accomplie par le décret du 16 mai 1891. Ce décret déclare que l'ouverture de crédits provisoires par le Gouverneur ne peut avoir lieu qu'*au début de l'exercice seulement* et que ces crédits doivent être annulés lors de la réception des crédits réguliers. En cas d'urgence au cours de l'exercice, le décret de 1891 fait une distinction entre les colonies qui peuvent communiquer télégraphiquement avec la métropole et celles où le télégraphe n'existe pas. Dans les premières on ne peut ouvrir un crédit d'urgence, au cours de l'exercice, qu'après avoir obtenu l'autorisation du ministre par télégramme. Dans les secondes, des crédits peuvent être ouverts sans autorisation, *mais seulement dans le cas où des crédits supplémentaires peuvent être accordés par décret dans la métropole pendant la prorogation des chambres* (1).

En dehors de ces cas spéciaux, les ordonnancées secondaires ne peuvent mandater les dépenses, qu'après avoir reçu les ordonnances de délégation. Une double formalité accompagne l'envoi de ces dernières; tandis que le Ministre des colonies adresse un avis à l'ordonnateur secondaire, le comptable reçoit de son côté une notification du Ministre des finances (art. 5), notification à défaut de laquelle il se refuserait à payer le mandat émis par l'ordonnateur.

(1) Depuis la loi du 14 décembre 1879, un décret ne peut, en France, ouvrir de crédits supplémentaires que pendant la prorogation de la Chambre et ces crédits ne peuvent porter que sur *des services votés*, c'est-à-dire ceux dont les dépenses ne peuvent être absolument limitées à l'avance. De plus, la nomenclature des services auxquels peut s'appliquer un crédit supplémentaire est insérée annuellement dans la loi de finances d'après la loi du 16 septembre 1871.

Une fois en possession des crédits, l'œuvre de l'ordonnateur ne se borne pas à les dépenser sous forme de mandats. Il est obligé de tenir une véritable comptabilité des opérations qu'il effectue. « Les comptes des ordonnateurs sont des comptes moraux ou d'administration établis d'après leurs écritures et appuyés sur pièces justificatives (1). »

La notion que l'on trouve à la base de cette comptabilité est celle de l'*exercice* ainsi défini par le décret du 31 mai 1862 : « L'exercice est la période d'exécution des services du budget », période qui, il convient de l'ajouter, dépasse le terme d'une année. Les comptes administratifs des ordonnateurs devant retracer les diverses phases de l'exécution du budget durant cette même période, suivent l'exercice pendant toute sa durée et adoptent les mêmes délais que lui. Au contraire les comptes des comptables sont arrêtés par l'année elle-même qui représente une *gestion*.

La durée de l'exercice aux colonies, pour les services métropolitains, est un peu inférieure à celle de l'exercice en France, la limite extrême étant fixée au 31 mars au lieu du 30 avril. Les divers délais sont déterminés par l'article 8 du décret de 1882 : le 28 février, pour les services matériels dont l'exécution a été commencée, mais n'a pu être terminée par des causes de force majeure ; le 20 mars, pour la liquidation et le mandatement des dépenses ; le 31 mars, pour le recouvrement des produits et le paiement des dépenses.

Nous verrons que les délais de l'exercice sont tout différents en ce qui concerne les services locaux des colonies.

(1) Ducrocq, *Cours de droit administratif*, p. 414.

Au cours de cet exercice dont le compte administratif résumera les opérations, l'ordonnateur tient certaines écritures. L'article 13 énumère les livres où sont tenus ces écritures. Ils sont au nombre de quatre : 1° *le livre journal des crédits délégués* ; 2° *le livre d'enregistrement des droits des créanciers* ; 3° *le livre journal des mandats délivrés* ; 4° *le livre de comptes par chapitres de dépenses* (1).

Le relevé de ces livres donne lieu, au début de chaque mois, à l'établissement par l'ordonnateur de la *situation* 1° des crédits délégués ; 2° des droits constatés et liquidés ; 3° des mandats délivrés ; 4° des paiements effectués (art. 18). Un *relevé général* de ces situations est envoyé au Ministre (art. 19). Les ordonnateurs sont encore tenus d'une autre obligation mensuelle. Ils doivent remettre, dans les cinq premiers jours de chaque mois aux comptables encaisseurs, le *bordereau détaillé* des ordres de recette émis dans le mois précédent (art. 12). Enfin les écritures sont closes à la fin de chaque exercice (art. 20).

C'est alors à l'ordonnateur principal que nous avons vu intervenir au début, qu'il appartient de faire le travail de centralisation de ces diverses écritures. Le Ministre relate d'abord dans sa comptabilité centrale, à l'aide de ses ordonnances de délégation et des relevés à lui adressés par les ordonnateurs secondaires, les écritures relatives à la fixation, la liquidation, le mandatement et le paiement des dépenses comprises dans le budget de l'Etat. Puis il rattache successivement, pour chaque colonie, le résultat de ces opérations aux écritures qui doivent servir de base au règlement définitif du budget (art. 21).

(1) Pour le détail de ces livres, lire les articles 14, 15, 16 et 17 du décret du 20 novembre 1882.

B. — *Règles relatives aux comptables.*

Le comptable chargé, dans la colonie, des services inscrits au budget de l'Etat, est le trésorier payeur colonial. Il est, en même temps, le comptable de la colonie. Sa nomination est faite par décret. Il peut exister, au-dessous de lui, des trésoriers particuliers et même des percepteurs, les premiers nommés par arrêté du ministre des finances, les seconds, par le gouverneur. Mais ceux-ci ne sont que des préposés du trésorier payeur qui centralise leurs opérations et demeure seul responsable vis-à-vis de l'Etat de tous les services métropolitains exécutés dans la colonie. Le trésorier payeur colonial est le seul représentant du Trésor qui possède une personnalité effective vis-à-vis du ministre et de la Cour des comptes. C'est de lui seul dont nous avons à nous préoccuper ; mais comme nous le retrouverons dans l'étude des services locaux des colonies, nous nous bornerons à relater ici les règles de leur comptabilité spéciales aux services métropolitains.

Nous savons comment le trésorier est averti de la dépense à exécuter par la notification du ministre des finances. Sûr ainsi de la régularité de cette dépense, il effectuera le paiement au vu du mandat de l'ordonnateur. Il tiendra, de son côté, des écritures au sujet de ces paiements, écritures qui serviront de base à l'établissement de son compte de gestion.

Entre le compte administratif de l'ordonnateur et le compte de gestion du comptable, il doit y avoir concordance, puisqu'ils contiennent chacun les mêmes opérations à des phases différentes de leur exécution. Il convient donc de les rapprocher. Ce rapprochement s'opère par divers moyens.

D'abord il existe un échange d'écritures entre l'ordonnateur et le comptable, qui exercent ainsi un contrôle mutuel. Nous savons que, chaque mois, l'ordonnateur envoie au comptable un bordereau détaillé. De même le trésorier, au début de chaque mois remet à l'ordonnateur secondaire un *bordereau sommaire* des paiements par exercice et articles. Ces bordereaux sont revêtus du visa de l'ordonnateur et adressés au ministre à l'appui des situations envoyées en exécution de l'article 18. « Ces bordereaux servent ainsi que ceux du caissier du Trésor à Paris et des trésoriers généraux des départements à rapprocher les paiements, pour les dépenses coloniales comprises dans le budget de l'Etat, avec les revues, décomptes et autres éléments ayant servi de base à la liquidation des dépenses comprises dans le compte de chaque exercice » (art. 22).

Puis la centralisation à Paris des écritures des trésoriers coloniaux en ce qui concerne les services métropolitains, réalise le rapprochement définitif qui aboutira à la loi de règlement.

D'une part, 1° le ministre des colonies rend le compte des dépenses des services exécutés pour le budget de l'Etat, compte à l'appui duquel sont produits des tableaux faisant connaître le détail par colonie des résultats (article 23) ; 2° le Ministre des finances comprend les recettes perçues aux colonies pour la métropole dans le compte définitif des recettes publiques ; des états de détail par colonie y sont joints (art. 24).

D'autre part toutes les opérations faites pour le budget de l'Etat par les comptables coloniaux sont centralisées dans les écritures annuelles et le Compte général des finances (art. 26). Les services métropolitains aux colonies seront ainsi compris dans le rapprochement général qu'est chargée de faire la Cour des comptes entre les comptes ministériels et ceux des comptables. Ils prendront place dans la *déclaration générale de conformité* rendue par elle et enfin dans la loi de règlement définitif du budget, en même temps que les autres services de l'Etat faisant partie du même exercice (art. 25).

Ainsi se trouvent exécutés par la coopération des deux ordres d'agents, ordonnateurs et comptables, les services métropolitains aux colonies.

§ 2. — Services dont les dépenses sont acquittées au moyen de traites.

Toutes les dépenses effectuées aux colonies au titre *Service marine*, c'est-à-dire pour le service de l'entretien des forces militaires aux colonies, sont acquittées au moyen de traites (art. 29).

Les règles relatives à ces dépenses présentent des caractères tout à fait spéciaux et un fonctionnement assez compliqué. Elles ne se dégagent pas avec une très grande clarté des textes qui leur sont réservés dans le décret de 1882. De plus, on les confond très souvent avec celles auxquelles sont soumises les dépenses de la marine à l'étranger, dépenses donnant lieu également à des émissions de traites. Il importe pourtant de distinguer ces deux sortes de services dans l'exécution desquels les traites interviennent à des titres très différents.

Lorsqu'un bâtiment de l'Etat à l'étranger est obligé de pourvoir à une dépense urgente, causée par exemple par une avarie et que le fonds de réserve du navire ne peut suffire au paiement de la dépense, il émet une traite au nom du créancier. Toutes les règles de la comptabilité se trouvent ici enfreintes. Il y a d'abord absence de crédit préalable, puis la liquidation, l'ordonnancement et le paiement de la dépense se trouvent confondus dans les mêmes mains. La traite signée par le capitaine, l'officier chargé du détail et l'officier d'administration est payable à Paris sur la caisse du payeur central. C'est un effet négociable, un véritable paiement.

Tout autres sont les caractères du service des traites aux colonies. L'opération s'y dédouble en deux phases : d'abord l'exécution matérielle de la dépense effectuée dans la colonie ; en second lieu seulement, la régularisation, au moyen de la traite, des écritures centrales.

Au cours de la première phase, d'autres différences apparaissent avec le service des dépenses à l'étranger ; les infractions aux principes de la comptabilité sont moins nombreuses : si l'engagement et la liquidation de la dépense demeurent faits par le bâtiment lui-même (art. 31) en l'absence de toute ordonnance de délégation, du moins la séparation de l'ordonnancement et du paiement est respectée grâce à la présence des fonctionnaires de la colonie.

Les pièces de liquidation sont remises par l'administration du *navire* au chef du service administratif (art. 31) (1), celui-ci en contrôle, sous sa responsabilité, la régularité de forme et l'exactitude (art. 32), mais n'est pas juge de l'opportunité de la dépense. Puis il délivre un mandat payable sur la caisse du comptable de la colonie. Ce dernier exécute le paiement matériel. Ainsi donc la dépense reçoit sa complète exécution dans la colonie sans que la traite soit intervenue.

(1) C'est l'officier d'administration du commissariat le plus élevé en grade qui remplit les fonctions de chef administratif de la marine.

On la voit seulement apparaître dans la seconde phase. Le comptable colonial qui a payé avec les fonds de lacolonie, est bien obligé de réclamer une pièce qui le couvre dans ses écritures et lui permette d'obtenir le remboursement de son avance. Cette pièce lui est remise par le capitaine du navire et c'est cette pièce qui porte le nom de traite, bien qu'elle ne soit pas négociable (art. 29). Cette traite est tirée à l'ordre du trésorier-payeur, revêtue du visa de l'Inspecteur des services administratifs et financiers, s'il y en a un dans la colonie, et envoyée à Paris, où elle est payable par le caissier payeur central, après un visa d'acceptation du ministre (art. 30).

Dans ses écritures, le trésorier colonial ne porte pas l'avance de fonds qu'il a faite au titre de dépenses, mais à celui des *services de trésorerie* puisque pour lui la dépense n'est que provisoire. Elle ne devient *budgétaire* qu'à Paris. A l'expiration de chaque mois, le trésorier-payeur remet au chef de service administratif les pièces justificatives des dépenses pour lesquelles il a été tiré des traites et ces pièces sont transmises au ministre des finances (art. 33). D'autre part les officiers du bâtiment envoient de leur côté au ministre des colonies les pièces relatives à la liquidation de ces dépenses. Les services reprennent leur véritable place dans l'exécution du budget au moyen d'un *virement* entre lès deux ministères.

Quant au remboursement de l'avance du trésorier colonial, il sera fait par le caissier payeur central au moyen d'une traite ordinaire (art. 34), qu'il ne faut pas confondre avec la traite des services de la marine. Le paiement et le remboursement de ces avances motivent des annulations de dépenses et des rétablissements de crédits dans les chapitres du budget local. Enfin les opérations se trouvent régularisées dans la comptabilité centrale au moyen d'une double écriture en recette et en dépense sur les livres du caissier payeur central.

En résumé les traites émises aux colonies pour l'exécution des services de la marine présentent ce caractère particulier, qu'elles ne sont qu'un moyen de régularisation, un simple instrument de comptabilité et non pas un effet négociable au moyen duquel le créancier de l'Etat peut se procurer des fonds.

Telles sont les règles suivant lesquelles sont établis et exécutés les divers services que l'Etat prend à sa charge dans les colonies.

CONCLUSION

Il faut bien reconnaître que la part supportée par le budget métropolitain dans les dépenses coloniales est réellement excessive. La progression continue suivant laquelle elle s'accroît constitue un véritable danger.

De trente-quatre millions en 1865, elle s'élève à quarante et un millions en 1887, pour passer rapidement à soixante quinze millions en 1894, quatre-vingt-cinq en 1897 et enfin arriver en 1898 à dépasser cent millions.

Il serait temps d'abandonner un système où les dépenses de la métropole augmentent sans cesse, sans que celles des budgets locaux subissent une diminution inverse, les colonies n'étant pas, en effet, intéressées à se montrer économes des fonds de l'Etat. Peut-être, lorsque les colonies auraient à pourvoir à leurs propres dépenses, verrait-on celles-ci décroître notablement.

Dans tous les cas, il serait équitable de les faire supporter à ceux qui les occasionnent au lieu de les mettre à la charge de l'habitant de la métropole qui n'en retire aucun profit. Une seule de nos colonies se suffit à elle-même : c'est la Cochinchine. Mais bien d'autres aussi seraient en état de se passer du secours de l'Etat. Ce secours pourrait être réservé aux établissements plus récents que la mère-patrie a le devoir de protéger. Il se manifesterait sous la forme de subventions qui, demeurant seules au budget de l'Etat, ne constitueraient plus un obstacle à l'unité budgétaire locale.

L'exemple des pays étrangers confirme ces observations. Nous savons qu'en Espagne, en Portugal, en Hollande, les budgets métropolitains ne se superposent pas aux budgets coloniaux. Mais le pays chez lequel il faut chercher la preuve la plus éloquente de la nécessité de réaliser aux colonies l'unité budgétaire, c'est l'Angleterre.

Les colonies anglaises peuvent se diviser en deux groupes : les colonies autonomes et les colonies de la Couronne.

Les premières organisées d'après un système tout différent du nôtre, jouissent de l'indépendance budgétaire aussi bien que de l'autonomie administrative. Aucune charge ne peut donc être occasionnée par elles au budget de la métropole.

Mais les colonies de la Couronne sont administrées d'après les principes analogues à ceux qui ont été adoptés pour les colonies françaises. Elles relèvent de l'administration directe du Colonial Office par l'intermédiaire des Gouverneurs nommés par la métropole. Les budgets locaux doivent être soumis à l'approbation du ministre directeur du Colonial Office.

Et pourtant cet état de subordination vis-à-vis du Gouvernement central n'empêche point ce dernier de mettre à la charge des budgets locaux la plupart des dépenses civiles qui apparaissent chez nous au budget de l'Etat. C'est ainsi que les colonies de la Couronne supportent toutes les dépenses du personnel et du matériel de l'administration locale, de la justice, des cultes, y compris le traitement du Gouverneur.

Aussi l'économie qui en résulte pour le budget métropolitain est-elle appréciable lorsqu'on compare les chiffres de ce dernier avec ceux du budget français.

L'Angleterre possède un empire colonial s'étendant sur plus de 38 millions de kilomètres carrés et comprenant plus de 393 millions d'habitants. L'ensemble des colonies françaises occupe 3 millions de kilomètres carrés et compte une population de 32 millions d'habitants.

Bien que l'empire colonial de la France représente à peine un dixième de celui de l'Angleterre, les dépenses de cette dernière pour ses colonies sont très loin d'atteindre les dépenses inscrites au budget français. Les dépenses civiles qui, chez nous, s'élèvent à 13.149.878 francs, s'arrêtent en Angleterre à 9.175.715 francs et le total des charges de l'Etat que nous avons évalué à cent millions atteint *exactement* pour l'Etat anglais la somme de 62.241.425 francs, car, autre supériorité, le chiffre apparaît ici nettement au budget métropolitain.

L'éloquence de ces chiffres suffit à justifier le vœu de voir bientôt l'Etat français entrer dans la voie d'une réforme financière aux colonies en restituant un grand nombre de dépenses comprises à tort dans son propre budget, aux budgets locaux qui les doivent équitablement supporter et dans l'étude desquels nous allons maintenant rentrer.

CHAPITRE II

SERVICES LOCAUX DES COLONIES.
DU BUDGET LOCAL.

A l'exception des services que nous venons d'examiner, la colonie doit, en principe, pourvoir à tous ceux qui sont organisés sur son territoire, quels que soient leurs caractères, qu'ils représentent un intérêt général ou local. Ces services prennent toutefois le nom de *services locaux,* parce que la charge en est assumée par le budget local et par opposition à ceux que l'Etat inscrit au budget métropolitain.

Pour lui permettre de parvenir à l'acquittement des dépenses nécessitées par l'ensemble de ces services, la métropole abandonne à la colonie le droit de s'approprier le produit de tous les impôts.

Ainsi, des services locaux naît une double source d'opérations de recettes et de dépenses : leur réunion constitue le budget local, dont nous allons maintenant aborder l'étude.

La raison d'être d'un budget est dans l'exécution des services auxquels il pourvoit. Mais pour que cette exécution puisse être réalisée, il faut que le budget qui la prévoit ait été régulièrement établi. De là la nécessité de connaître les règles qui président à l'établissement du budget aussi bien que celles qui en dirigent l'exécution. L'étude d'un budget ne serait pas complète si, à l'exposé de sa réglementation, ne venait se joindre une analyse des divers éléments qui le constituent dans la forme extérieure qu'il revêt. La connaissance de cette forme est nécessaire pour comprendre et juger l'exécution des diverses dispositions budgétaires.

Aussi diviserons-nous ce chapitre en trois sections au cours desquelles nous examinerons successivement les questions relatives à l'établissement du budget local, la forme sous laquelle se présentent les diverses opérations budgétaires et, enfin, les règles suivant lesquelles se développe l'exécution du budget.

SECTION I

ÉTABLISSEMENT DU BUDGET LOCAL.

Afin de parvenir à l'état définitif dans lequel il sera exécuté, tout budget doit traverser deux phases : celle de la préparation et celle du vote. Tandis que, durant la première, le soin de réunir les éléments du budget appartient à l'autorité qui plus tard sera chargée d'en assurer l'exécution, dans la seconde, le droit d'en arrêter la forme est réservé à la délibération des représentants des contribuables.

Après cette seconde phase, le budget de l'Etat se trouve définitivement établi. Au contraire, le budget colonial, ainsi du reste que les divers budgets locaux de la métropole, doit encore obtenir l'approbation de l'autorité centrale : celle-ci est représentée par le Gouverneur; c'est à ce dernier qu'appartiendra le soin d'arrêter le budget et d'en autoriser l'exécution.

L'établissement du budget local comprend donc trois étapes successives : la préparation, le vote, l'approbation.

§ 1. — Préparation du budget local.

Le budget local est préparé, dit l'article 40 du décret de 1882, par le Directeur de l'Intérieur. L'abrogation de cette disposition résulte du décret du 21 mai 1898 délibéré par le Conseil d'Etat dans sa séance du 18 mai qui porte suppression des fonctions de Directeur de l'Intérieur dans les colonies (1). Désormais le Gouverneur exercera, outre les attributions qui lui sont déjà conférées par les textes en vigueur, celles qui sont actuellement confiées au Directeur (art. 2 du décret); il sera assisté d'un secrétaire général (art. 3).

Bien que cette mesure entraîne la réunion dans les mêmes mains de la préparation, de l'approbation et de l'exécution du budget local, elle ne modifie en rien le mécanisme budgétaire : elle substitue seulement un fonctionnaire à un autre. Pour connaître les attributions dont vont être investis les Gouverneurs, il faut donc savoir en quoi consistait jusqu'à ce jour le rôle des Directeurs de l'Intérieur dans l'organisation administrative et financière de nos colonies.

Le Directeur de l'Intérieur est le chef des services administratifs de la colonie. Il joue un rôle analogue à celui du Préfet dans un département de la métropole. C'est lui

(1) La présence d'un Directeur de l'Intérieur, chargé de l'administration civile, était justifiée à l'époque où chaque colonie avait à sa tête un Gouverneur militaire. Elle ne représente plus aujourd'hui qu'une complication inutile dans l'organisation coloniale.

Le décret de 1898 ne sera pas applicable à l'Indo-Chine, au Congo français, à Madagascar, ni à Saint-Pierre et Miquelon (art. 5). *Journ. off.* du 22 mai 1898.

qui remplit les fonctions d'ordonnateur secondaire pour les services du budget de l'Etat et celle d'ordonnateur principal pour les services locaux. Il est nommé par le Gouvernement. Pourtant ses attributions, bien qu'ayant été augmentées par les décrets du 15 septembre et du 3 octobre 1882 (1) sont, en certains points, moins étendues que celles des préfets.

En effet quoique ce soit au Directeur de l'intérieur qu'appartienne, comme au préfet, la gestion des affaires de sa circonscription administrative, le premier n'est pas le représentant de la colonie comme le préfet est celui du département. C'est au gouverneur que ce rôle est dévolu : ainsi c'est le gouverneur qui est chargé de soutenir les actions en justice au nom de la colonie. Le Directeur de l'intérieur peut, en cela comme en d'autres matières, remplacer le gouverneur absent ou momentanément empêché (2).

En poursuivant la comparaison entre le rôle du Directeur de l'intérieur et celui du préfet, il convient de remarquer que dans deux de nos colonies, la Réunion et la Martinique, les directeurs ont été dépossédés de leurs attributions en ce qui concerne le service de l'instruction publique. Ce service a été confié, par deux décrets (3), à des *vice-recteurs*, tandis qu'il est toujours resté dans la métropole sous la direction du préfet.

Mais, en dehors de cette exception, tous les services civils administratifs de la colonie relèvent du Directeur

(1) Ces décrets ont supprimé les fonctions d'*ordonnateur* dans les diverses colonies et les ont réparties entre le Directeur de la marine, le chef du service administratif de la marine et le chef du service de santé.

(2) Article 7 du décret du 15 septembre 1882.

(3) Décret du 2 mars 1880 pour la Réunion et décret du 21 septembre 1882 pour la Martinique.

de l'intérieur. Nommé par la métropole, il reçoit son traitement du budget local qui est aussi chargé de pourvoir aux frais du personnel de la direction. Ce personnel se compose de cinq classes d'agents formant une hiérarchie dans l'ordre suivant : 1° tout de suite au-dessous du directeur, le secrétaire général de la direction (1) ; 2° les chefs de bureaux ; 3° les sous-chefs ; 4° les commis principaux ; 5° les commis ; 6° les expéditionnaires ou écrivains.

Ce n'est pas au directeur qu'il appartient d'organiser la direction. Toutes les questions relatives à la composition, aux traitements, à l'avancement de ces agents, sont réglées par arrêtés du gouverneur. Quant aux nominations, elles sont faites par le ministre des colonies pour les trois premières classes de fonctionnaires ; les autres sont laissées à la décision du gouverneur. L'avancement sur place dans la même colonie rendu possible par la création d'autant de cadres distincts qu'il y a de colonies, a été substitué par le décret du 11 octobre 1892 à l'usage antérieur d'un roulement forcé entre les fonctionnaires des diverses colonies (2).

La préparation du budget local est l'œuvre de cette administration. Dans ce but, il est fait une centralisation dans les bureaux de la direction de tous les éléments qui pourront servir à l'établissement du budget. Les chefs de bureaux recueillent les réclamations des communes et celles des contribuables particuliers, les propo-

(1) La suppression de ce fonctionnaire résulte également du décret du 21 mai 1898 (art. 1).

(2) Le décret du 11 octobre 1892 a réalisé deux sortes d'économie dans les finances locales : 1° la suppression des frais de voyage nécessités autrefois à chaque changement d'agents et à la charge des budgets locaux ; 2° la suppression de certains traitements obtenue en diminuant le nombre des employés des Directions de l'Intérieur.

sitions des agents locaux des divers services et soumettent l'ensemble des projets qui en résultent au Directeur de l'intérieur. Celui-ci aidé de son secrétaire général, rédige le textes mêmes du budget. Il puise les éléments de cette œuvre à trois sources : Il s'inspire du dernier budget dont les résultats peuvent être connus, comparant ces résultats aux prévisions premières ; il se base également sur le budget en cours dans le texte duquel ont pu déjà être réalisées quelques modifications ; il tient compte enfin des observations transmises par les bureaux.

Ce sera maintenant dans les bureaux du gouverneur que sera élaboré le projet définitif de budget tel qu'il devra être présenté à la délibération du conseil colonial.

§ 2. — Vote du budget local.

L'article 40 du décret du 20 novembre 1882 porte que le budget après avoir été préparé par le Directeur de l'intérieur, est soumis à la délibération du *conseil général* ou, dans les colonies qui n'ont pas de conseils généraux, à celle du *conseil d'administration*. Les attributions de ces deux sortes de conseils ne sont pas également étendues, les délibérations du conseil d'administration pouvant être toujours réformées par le Gouverneur ou par le Ministre des colonies. C'est seulement le rôle du Conseil général que nous allons examiner ici.

Nous n'aborderons pas les questions relatives à l'organisation des conseils généraux des colonies, ces questions relevant de l'étude du régime administratif (1). Nous

(1) V. Ducrocq, *Cours de droit administratif*, 6e édition, nos 536 à 541 et Girault, *Législation coloniale*, chap. VII, § 2.

savons comment, d'abord peu nombreuses et rigoureusement limitées, les attributions de ces conseils ont obtenu depuis le sénatus-consulte de 1866, une réglementation plus libérale qui les assimile, sur la plupart des points, à celle des conseils généraux de la métropole. Les sujets sur lesquels l'assemblée coloniale est autorisée à délibérer s'étendent aujourd'hui à toutes les questions pouvant intéresser la colonie. Mais les délibérations qu'elle peut prendre ne sont pas toutes revêtues de la même autorité : elles peuvent être divisées en trois classes (1) :

1° Les délibérations définitives :

Bien qu'exécutoires par elles-mêmes ces délibérations peuvent néanmoins toujours être annulées pour excès de pouvoir ou violation d'un règlement d'administration publique ou de la loi, à la condition que l'assimilation soit demandée dans les 30 jours (2) par le Gouverneur : elle est prononcée par un décret en Conseil d'Etat (3).

2° Les délibérations soumises à l'approbation.

Cette approbation est donnée, suivant les cas, soit par un décret en Conseil d'Etat, soit par un décret simple, soit par un arrêté du Gouverneur en conseil privé.

3° Les délibérations formulant des *avis* ou des *vœux* : ces dernières n'ont aucune force exécutoire. Des délibé-

(1) Il n'existe pas aux colonies comme dans le département une classe intermédiaire entre les délibérations définitives et celles soumises à approbation, comprenant des délibérations *non définitives* pouvant être *suspendues* par un décret motivé, mais dispensées d'autorisation (voir Ducrocq, *Droit administratif*, n° 146.

(2) Pour le département, le délai pendant lequel le préfet peut demander l'annulation est seulement de 20 jours.

(3) Le gouverneur en conseil privé peut prendre de sa propre autorité un arrêté prononçant l'annulation des délibérations dans les trois cas suivants : 1° Délibérations prises hors session ; 2° Délibérations prises hors du local affecté aux séances du conseil général ; 3° Délibérations excédant la sphère d'attribution du conseil.

rations de l'une et de l'autre de ces classes interviennent en matière financière. Le conseil général statue définitivement sur certaines questions telles que les questions relatives à l'achat, la vente ou l'échange des propriétés coloniales non affectées à des services publics, le classement des routes, les décisions au sujet des dons et legs non grevés de charges immobilières et non discutés, les baux, les actions en justice dans lesquelles les intérêts de la colonie sont engagés.

Il doit obtenir d'autre part l'approbation :

1° D'un décret en Conseil d'Etat pour les délibérations concernant les libéralités faites à la colonie avec charges immobilières ou donnant lieu à des réclamations de la part des héritiers, pour l'établissement d'un impôt nouveau, pour contracter un emprunt.

2° D'un décret simple pour fixer le mode d'assiette et de perception des divers impôts perçus dans la colonie ;

3° D'un arrêté du Gouverneur en conseil privé pour les délibérations portant fixation du budget colonial, autorisation de crédits supplémentaires, règlement du budget, approbation des comptes administratifs.

Ainsi délimitée l'action du conseil général va s'appliquer à l'établissement du budget local en ses diverses parties, recettes et dépenses.

A. — Attributions du Conseil général en matière de recettes. — Ces attributions varient suivant qu'il s'agit de l'une ou de l'autre classe des recettes coloniales qui se divisent, ainsi que nous le verrons, en recettes ordinaires et recettes extraordinaires.

a. — Récettes ordinaires.

En matière de recettes ordinaires, les attributions des conseils généraux sont bien plus étendues dans les colonies que dans la métropole. Les conseils coloniaux ont d'une part l'*initiative* pour l'établissement du mode d'assiette et de perception des impôts et d'une autre la *décision* pour la fixation du tarif de ces impôts.

En France les conseils généraux n'ont jamais le choix de la matière imposable. La nature des recettes qu'ils peuvent se créer est rigoureusement déterminée par la loi et ce ne sont pas des impôts qu'ils ont le droit de voter, mais seulement des centimes additionnels aux contributions directes. Rien ne limite au contraire l'initiative des conseils coloniaux. Ils peuvent choisir entre les impôts directs et les impôts indirects. Ils peuvent établir de toutes pièces un système fiscal complet et raisonné. Il est bien évident toutefois que cette liberté doit avoir des limites et que l'on ne pouvait abandonner la décision en cette matière aux assemblées locales sans porter atteinte aux prérogatives de l'Etat.

L'impôt peut être un instrument de ruine; il peut empêcher le développement d'une industrie, consommer la perte d'une culture dont dépend l'avenir de la colonie. Il peut créer des inégalités entre les races, entre les classes et susciter des troubles. Il peut être protecteur, il peut être tyrannique. On a donc sauvegardé à la fois les intérêts de la métropole et ceux de la colonie en rendant nécessaire l'approbation du Gouvernement pour donner effet aux délibérations des conseils généraux établissant un nouvel impôt ou modifiant l'assiette ou les règles de perception déjà existantes. Nous savons que cette approbation est donnée dans le premier cas, par un décret dans la forme d'un règlement d'administration publique et dans le second, par un décret simple.

Non seulement le conseil général de la colonie a le droit d'initiative, mais encore celui de décision en matière de tarifs. Les conseils généraux des départements français voient leurs attributions limitées en ce qui concerne la fixation du nombre de centimes par un maximum déterminé par la loi et qu'ils ne peuvent dépasser. Aux colonies, aucune restriction n'est apportée aux attributions des conseils généraux en cette matière. C'est eux qui fixent le tarif des taxes régulièrement établies. Ils peuvent l'augmenter sans autre limite que les facultés contributives du pays dont ils sont eux-mêmes souverains juges.

Dispositions spéciales relatives aux droits de douane. — Loi du 11 janvier 1892. — Une seule exception déroge à ce double principe. Elle concerne les tarifs de douane et date de la loi du 11 janvier 1892.

Après la transformation radicale du régime douanier réalisée par la loi du 3 juillet 1861, abolissant ce qui subsistait encore du pacte colonial et accordant aux colonies la liberté d'exportation et d'importation, le sénatus-consulte du 4 juillet 1866 réglant les attributions financières des conseils coloniaux les étendit aux questions douanières. Pourtant il apporta une légère restriction en exigeant l'approbation gouvernementale par décret en Conseil d'Etat aussi bien pour les délibérations fixant les tarifs que pour celles créant une taxe ou modifiant l'assiette d'un droit de douane. S'il était permis aux conseils locaux de voter des droits sur les marchandises étrangères, ils ne pouvaient pas néanmoins les étendre sur les marchandises françaises, le décret du 22 juin 1791 étant maintenu en vigueur. Or les produits coloniaux étaient taxés en France comme marchandises étrangères.

D'autre part, l'article 2 du sénatus-consulte de 1866 (1) avait accordé aux conseils généraux le droit de voter les tarifs d'*octroi de mer* d'une façon définitive. L'octroi de mer pouvant atteindre les marchandises de toute provenance, y compris les produits français, il était naturel que les colons l'appliquassent de préférence aux droits de douane qui ne pouvaient frapper ces derniers ; aussi vit-on, dès 1867, le conseil général de la Martinique prendre une délibération tendant à la suppression totale des droits de douane. Cette délibération imprudemment approuvée par le décret du 6 novembre 1867 fut immédiatement suivie d'une augmentation du nombre des taxes et d'un relèvement des tarifs pour l'octroi de mer. L'exemple fut suivi par la Guadeloupe qui obtint des décrets du 25 avril 1866 et du 2 août 1870 la suppression de la plupart des droits de douane, et par la Réunion que le décret du 4 juillet 1873 autorisa à ne conserver qu'une taxe sur les tabacs. Ces deux colonies firent également subir à leurs octrois de mer un accroissement proportionnel.

Afin d'obtenir le rétablissement des droits de douane dans ces trois colonies, la métropole dut leur promettre par la loi du 29 juillet 1884 une détaxe sur les droits supportés par leurs sucres à leur entrée en France (2). Le

(1) « Le conseil général vote les tarifs d'octroi de mer sur les objets de toute provenance, ainsi que les tarifs de douane sur les produits étrangers naturels ou fabriqués, importés dans la colonie. — Les tarifs de douane votés par le Conseil général sont rendus exécutoires par décret de l'empereur, le Conseil d'Etat entendu » (art. 2).

(2) Les droits de douane furent rétablis à la Guadeloupe par le décret du 16 novembre 1884, à la Réunion par le décret du 19 janvier 1885, à la Martinique par le décret du 25 avril 1885.

Gouvernement après avoir négligé de supprimer les prérogatives douanières du Conseil général de la Guyane en l'organisant par le décret du 23 décembre 1878, se garda de les étendre aux colonies organisées postérieurement (1).

La loi du 11 janvier 1892 est venue enfin abroger l'article 2 du sénatus-consulte de 1866. Le législateur a repris le pouvoir de fixer lui-même les tarifs de douane dans les colonies et il leur a étendu d'une manière générale ceux qu'il édictait pour la métropole. Le seul droit que conservent les conseils généraux, c'est celui de provoquer par leurs délibérations des décrets rendus en la forme des règlements d'administration publique qui pourront modifier pour chaque colonie suivant les besoins, l'application du tarif commun (art. 3 et 4) et créer ainsi, selon le mot de Jules Ferry, « pour chaque colonie un tarif spécial » (2).

Quant à l'octroi de mer, les conseils généraux, malgré le caractère communal de cette recette, gardent parmi leurs attributions la délibération en cette matière ; mais il leur faut désormais obtenir l'approbation d'un décret en Conseil d'Etat pour le mode d'assiette, les règles de perception et de répartition et d'un décret (3) simple pour la fixation des tarifs (art. 6).

(1) Les décrets organiques du 25 janvier 1879 pour l'Inde, du 4 février 1879 pour le Sénégal, du 2 avril 1885 pour St-Pierre et Miquelon et la Nouvelle-Calédonie, du 28 décembre 1887 pour l'Océanie, réduisent à de simples *avis* les attributions des Conseils de ces colonies en matière douanière.

(2) « Il n'est jamais entré dans la pensée d'un Etat raisonnable, disait Jules Ferry, de transporter en bloc les tarifs de la métropole dans les colonies françaises, sans tenir compte ni des distances, ni des climats, ni de l'infinie variété de ce lointain domaine dispersé dans toutes les parties du monde. Cette conception étroite, absolue, radicale, n'a point été celle du Parlement. C'est la caricature du régime nouveau, ce n'en est point la saine et loyale application. »

(3) L'article 6 ajoute que dans ce dernier cas (fixation des tarifs), la dé-

Ainsi limitées en matière douanière, les attributions des conseils coloniaux à l'égard des recettes ordinaires demeurent pourtant fort étendues en comparaison de celles des conseils généraux de la métropole. La raison en est dans l'absence de perception d'impôts au profit de l'Etat dans la colonie. Mais ce motif spécial aux recettes ordinaires disparaissant, on voit au contraire le législateur manifester une défiance plus grande à l'égard des conseils des colonies qu'à celui des conseils de la métropole.

b. — Recettes extraordinaires.

Aussi constate-t-on une limitation plus étroite des attributions des premiers en matière de certaines recettes extraordinaires. Les deux principales sources de catégorie de recettes sont les emprunts et les libéralités.

Les emprunts des départements français peuvent être votés d'une façon définitive par les conseils généraux lorsqu'ils sont remboursables en quinze ans. Dans les colonies au contraire tout emprunt doit être autorisé par un décret en Conseil d'Etat quelle que soit la durée de son remboursement (article 53 du décret du 20 novembre 1882). Les délibérations des conseils des départements sont souveraines pour l'acceptation des libéralités qui leur sont faites, à moins qu'il n'y ait réclamation de la part des héritiers. Dans les colonies l'autorisation gouvernementale est exigée non seulement dans ce cas, mais aussi lorsque la libéralité est faite avec charge ou affectation immobilière (1) (article 1 du sénatus-consulte de 1866).

libération du Conseil général peut être rendue exécutoire *provisoirement* par un arrêté du gouverneur.

(1) Cette dernière disposition existait aussi pour le département dans l'article 1er de la loi du 18 juillet 1866 ; mais elle a été supprimée par l'ar-

Mais pour celles des recettes extraordinaires qui présentent le caractère de taxes et qui sont comprises sous la dénomination de *contributions extraordinaires*, les règles de vote et d'approbation pour leur création, la fixation de leur mode d'assiette et de leur tarif, demeurent les mêmes que pour les recettes ordinaires (article 52 du décret du 20 novembre 1882).

B. — Attributions du conseil général en matière de dépenses.

En poursuivant la comparaison entre la colonie et le département, on peut résumer la situation des conseils coloniaux à l'égard des dépenses en cette double formule : *initiative* plus large, *contrainte* plus étroite.

A l'exception des dépenses de souveraineté, la charge de tous les services même d'intérêt général, incombe à la colonie. De là pour le conseil général la liberté de développer ces services, d'en organiser de nouveaux quel que soit leur caractère : de là une large initiative. Mais aussi contrainte plus étroite puisque toutes les dépenses d'intérêt général sont classées dans les budgets coloniaux parmi les dépenses *obligatoires*. Et s'il est permis à la colonie d'accroître les services qui causent ces dépenses, il ne lui appartient pas de les réduire selon ses désirs.

Les dépenses obligatoires dont on trouvera plus loin l'énumération (1), sont beaucoup plus nombreuses que celles qui ont été mises à la charge des budgets départementaux par les articles 60 et 61 de la loi du 10 août 1871.

ticle 46, § 5, de la loi du 10 août 1871 qui n'exige plus un décret en Conseil d'Etat que lorsqu'il y a réclamation (voir Ducrocq, *Cours de droit administratif*, n° 145).

(1) Voir section II, § 2.

C'est ainsi qu'on voit figurer dans les dépenses obligatoires des colonies les services des enfants assistés et des aliénés qui figurent aux budgets départementaux avec le caractère facultatif. C'est ainsi que l'on trouve aux colonies une dépense qui n'a point son équivalent en France et qui est classée parmi les dépenses obligatoires : c'est celle du contingent et de la contribution coloniale. Il faut encore ajouter à la liste de 1866 des dépenses rendues obligatoires dans les colonies par des dispositions ultérieures.

Ainsi la situation des colonies en matière de dépenses, tout en l'emportant sur celle des départements par la sphère plus vaste des attributions, par la variété des sujets laissés à leur initiative, demeure pourtant soumise à une tutelle plus rigoureuse. La raison en est dans l'intérêt que l'Etat conserve à la bonne gestion des services d'intérêt général et dans la défiance qu'il a de tout temps manifestée à l'égard des assemblées coloniales : les colonies sont des pays neufs et leurs représentants peuvent ne pas offrir au même degré les qualités de sagesse et de modération que le législateur a supposées appartenir aux conseils généraux de la métropole ; ils peuvent être agités par des passions locales, des querelles de races qui nous sont inconnues. Aussi le législateur est-il porté à restreindre leurs attributions lorsqu'ils peuvent en faire un usage dangereux pour les intérêts de la métropole. De là le soin de réserver en ces questions les droits de l'autorité supérieure qui est spécialement chargée de faire respecter les prescriptions légales et dont nous sommes maintenant naturellement amené à déterminer les attributions.

§ 3. — Approbation du budget local.

Après avoir traversé la phase de la préparation sous la conduite des agents exécutifs et celle du vote au cours des délibérations du conseil général, le budget colonial doit être soumis au gouverneur à qui est réservé le droit de l'arrêter définitivement en son conseil privé. Quelle est exactement l'étendue de ce droit ? Quels sont les pouvoirs qu'il confère au gouverneur ? Dans quelle mesure l'exercice de ce droit peut-il porter atteinte aux attributions du conseil général ?

Le sénatus-consulte de 1866 a très nettement limité le champ d'action du gouverneur sur ce point : il ne peut apporter la moindre modification dans les crédits d'un budget qui lui est présenté en équilibre et qui pourvoit à toutes les dépenses obligatoires. Lorsque le budget local remplit ces deux conditions, l'arrêté du gouverneur constitue une simple formalité qui ne saurait être refusée.

La même règle existe pour le budget départemental auquel le chef de l'Etat ne peut refuser son approbation lorsque l'équilibre est réalisé et toutes les dépenses obligatoires prévues. Il faut remarquer toutefois que cette égalité apparente de traitement entre la colonie et le département donne en définitive l'avantage à la première. A la différence de nos conseils généraux, ceux des colonies sont en effet maîtres absolus du tarif de leurs taxes. Il leur est donc toujours loisible, à moins de mauvais vouloir, de donner à leurs dépenses facultatives le développement qu'ils croient nécessaire tout en assurant le service des dépenses obligatoires. Ils ne sont pas comme les assemblées départementales limités à la fois par un minimum au-dessous duquel ne peuvent jamais descendre leurs dépenses et un maximum que ne peuvent jamais dépasser leurs taxes.

L'autorité du gouverneur ne trouve donc à s'exercer que lorsque le conseil général lui présente un budget en déficit, cas très improbable d'ailleurs, ou un budget dans lequel des crédits votés pour des dépenses obligatoires ne suffisent pas à y pourvoir. Nous avons vu que les dépenses obligatoires aux colonies diffèrent par leur nombre de celles des départements français. Les moyens employés pour réparer l'oubli ou la négligence des conseils généraux à l'égard de ces dépenses varient également suivant le budget dont elles dépendent.

Lorsqu'un conseil général de la métropole omet de voter un crédit suffisant pour les dépenses obligatoires, le décret qui règle le budget départemental ne peut qu'inscrire d'office le crédit nécessaire et y pourvoir par une contribution spéciale portant sur les contributions directes, si toutefois cette contribution ne dépasse pas le maximum fixé annuellement par la loi de finances. Dans le cas contraire il faudrait une loi. Mais le décret ne peut en aucun cas modifier les autres allocations votées régulièrement par le conseil général (art. 61 de la loi du 10 août 1871) (1). Il ne peut par exemple réduire une dépense facultative ne présentant par elle-même aucun caractère d'illégalité. Tout autre est la marche que doit suivre l'autorité supérieure pour pourvoir à une dépense obligatoire omise ou insuffisamment dotée par le conseil colonial.

Le sénatus-consulte du 3 mai 1854 laissait dans son

(1) Voir Ducrocq, *Droit administratif*, n° 1357.

article 16 au gouverneur le choix des moyens. Il pouvait, sans se préoccuper de l'intérêt de la colonie, réduire les dépenses facultatives. Le sénatus-consulte du 4 juillet 1866 lui a imposé un ordre rigoureux dans lequel doivent se mouvoir ses déterminations.

Tout d'abord le gouverneur pourvoit à la dépense en l'imputant sur un fonds de *dépenses diverses et imprévues* dont le minimum est fixé annuellement pour chaque colonie par le ministre et compris lui-même au nombre des dépenses obligatoires. Si ce fonds est suffisant pour couvrir la dépense, là s'arrête le rôle du gouverneur sans qu'il soit nécessaire de recourir à la procédure de l'inscription d'office : mais si le fonds est lui-même inférieur à la dépense, le gouverneur doit requérir l'inscription d'office de cette dépense au budget local par le ministre qui rendra à cet effet un arrêté. Quant aux voies et moyens pour l'acquitter, ils sont de deux sortes : ou bien les dépenses facultatives seront réduites, ou bien le tarif des taxes sera relevé. C'est au gouverneur en conseil privé qu'il appartient de prendre un arrêté dans l'un ou l'autre sens. L'article 8 du sénatus-consulte de 1866 indique l'ordre dans lequel ces deux moyens doivent être employés : mais l'intérêt de la colonie peut fort bien justifier de la part du gouverneur un choix inverse. La règle qu'il ne peut enfreindre c'est l'obligation de recourir au fonds de dépenses imprévues avant de provoquer l'inscription d'office.

Dans le cas où le conseil général présenterait à son approbation un budget en déficit, le gouverneur aurait à exercer exactement les mêmes droits (art. 9), ce qui constitue une différence de plus avec le budget départemental. Le chef de l'Etat n'aurait, en effet, dans le cas analogue que le droit de le rejeter en bloc et de le renvoyer au conseil général : jamais il n'aurait le pouvoir de le remanier.

Les attributions du gouverneur prennent une extension nouvelle lorsque, quittant le texte même du budget local, on passe à l'étude des *crédits supplémentaires*. Ce n'est plus seulement un droit de surveillance et de contrôle que lui confère l'article 49 du décret de 1882, mais un droit d'initiative au lieu et place du conseil général dans certains cas. Cet article nous dit en effet que, en principe, tout se passe pour les crédits supplémentaires comme pour le budget (préparation par le directeur, vote par le conseil général, approbation par le gouverneur), mais il ajoute qu'en cas d'urgence et si le conseil général ne peut être réuni en session extraordinaire, le gouverneur fixe lui-même le montant des crédits par un arrêté pris en conseil privé et soumis ultérieurement au vote du conseil général au cours de la plus prochaine session. L'arrêté indique de plus les voies et moyens pour le recouvrement de ces crédits. Le gouverneur se substitue donc dans ce cas, du moins provisoirement, au Conseil général (1). Il est tenu de donner immédiatement avis des arrêtés pris par lui au ministre des colonies et de les notifier au trésorier-payeur qui en produira les copies à la Cour des comptes (art. 49).

L'article 50 indique une autre attribution du gouverneur. C'est lui qui, en conseil privé, fixe ou modifie, dans la limite des crédits ouverts, les cadres des services et des traitements des agents.

Enfin un droit d'initiative lui appartient encore dans une circonstance tout exceptionnelle prévue par l'arti-

(1) En ce qui concerne les crédits inscrits au budget, c'est le conseil général qui détermine les voies et moyens et autorise les prélèvements sur les fonds de réserve (art. 48).

cle 40 du décret de 1882, reproduisant l'article 10 du sénatus-consulte de 1866. Il s'agit du cas où le conseil général refuserait de se réunir ou se séparerait avant d'avoir voté le budget. Le gouverneur en conseil privé rédigerait alors un projet de budget que le Ministre des colonies établirait d'office.

En dehors de ces hypothèses particulières, le rôle du gouverneur se résume en un rôle de surveillance à l'égard des dépenses obligatoirement imposées au vote des conseils généraux.

L'arrêté du gouverneur une fois rendu, le budget local se trouve définitivement établi.

Conclusion. — En jetant un regard en arrière sur les diverses attributions de chacune des autorités qui concourent à l'établissement du budget colonial, on ne peut s'empêcher d'être frappé par l'extension anormale des pouvoirs des conseils généraux en matière d'impôts et de se demander s'il n'y aurait pas lieu de les réduire.

Les conseils coloniaux fixent, nous l'avons vu, souverainement, le tarif des impôts et l'on explique cette prérogative en disant que l'Etat est désintéressé de la question puisqu'il ne perçoit lui-même aucun impôt dans la colonie. Mais n'est-ce pas là se faire de la tutelle de l'Etat une idée bien étroite que de la justifier uniquement par l'intérêt fiscal de ce dernier? Du reste, en admettant même cette conception, le pouvoir de décision laissé au conseil général serait encore contestable.

Puisqu'en effet dans la plupart des colonies le budget ne s'équilibre qu'avec la subvention de la métropole, celle-ci n'est-elle pas pécuniairement intéressée à ce que la colonie ne se ruine pas? Mais ce n'est pas sur cette seule base que doit être établie la tutelle. Le mot lui-même évoque une autre idée qui empêche d'admettre que la tutelle puisse se justifier plus par l'intérêt du tuteur que par celui du pupille.

On a jugé l'impôt une arme assez dangereuse pour ne pas accorder aux conseils généraux le droit d'en changer librement l'assiette. N'est-il pas alors contradictoire de leur donner un droit indéfini de décision sur le tarif ? Rien n'est plus facile que de bouleverser tout un système fiscal tout en conservant les mêmes formes d'impôts, si l'on détruit toute proportion entre leurs tarifs. En outre le goût de la dépense qui est naturel aux assemblées locales peut faire craindre pour la prospérité future de nos colonies. On se demande en vérité pourquoi le législateur qui s'est montré d'ordinaire si défiant à l'égard des conseils coloniaux, leur a justement accordé les pouvoirs dont l'exercice est le plus délicat et le plus dangereux.

Ce serait prendre une mesure de sagesse et de protection que de limiter leur droit de décision par l'établissement d'un maximum ainsi qu'on en a reconnu l'utilité pour les délibérations analogues des conseils départementaux.

Voilà donc close la période d'établissement du budget local. Après avoir reçu de l'arrêté du gouverneur sa consécration définitive, le texte budgétaire sera rendu public par l'impression (art. 40) et rien ne s'opposera plus à son exécution. Mais avant de le suivre dans cette dernière phase, il convient de se faire une idée de la forme même du budget colonial en examinant les éléments qui le composent : ce sera l'objet de notre deuxième section.

SECTION II

FORME DU BUDGET LOCAL.

« Un budget est un état de prévoyance des recettes et des dépenses pendant une période déterminée ; c'est un tableau évaluatif et comparatif des recettes à réaliser, des dépenses à effectuer (1). »

Le budget colonial ne fait pas exception à cette règle commune et prévoit aussi deux catégories d'opérations : des recettes et des dépenses (article 57 du décret du 28 novembre 1882). A cette première division, l'article 41 vient en ajouter une seconde, qui se retrouve du reste également dans tous les budgets, en répartissant les diverses opérations budgétaires en deux groupes suivant le caractère *ordinaire* ou *extraordinaire* qu'elles présentent.

De là quatre parties dans le budget local :

Recettes ordinaires,

Recettes extraordinaires,

Dépenses ordinaires,

Dépenses extraordinaires, que nous allons successivement examiner.

§ **1**. — **Recettes**.

I. — Recettes ordinaires.

L'article 42 du décret du 10 novembre 1882 fait des recettes ordinaires l'énumération suivante :

1° *Les taxes et contributions de toute nature votées par les conseils coloniaux*,

(1) Paul Leroy-Beaulieu, *Traité de la science des finances*.

2° *Les droits de douane,*

3° *Les revenus des propriétés coloniales,*

4° *Les produits divers dévolus au service local,*

5° *Les subventions de la métropole prévues par l'article* 6 *du sénatus-consulte du* 4 *juillet* 1866.

Les impôts aux colonies.

L'Etat ne percevant aucun impôt aux colonies, toutes les taxes revêtent le caractère exclusivement local. L'établissement de ces taxes est laissé, nous le savons, à l'initiative des conseils coloniaux. De là une certaine diversité dans le système fiscal des colonies, diversité qui ne va point pourtant sans une imitation assez générale du système employé dans la métropole. On a même pu voir, dans cette trop grande analogie entre les impôts coloniaux et ceux que l'on perçoit en France, un des éléments de faiblesse de notre régime colonial. Il est évident que l'impôt est aux colonies, surtout dans les nouvelles, d'un emploi très délicat et même très dangereux, car il peut être un instrument de ruines pour elles (1).

Les divers modes de contribution ne présentent point chez elles ni les mêmes caractères, ni les mêmes avantages que sur le continent. Ainsi, tandis que les impôts de consommation se voient, dans la métropole, condamnés par la plupart des économistes, ils représentent, au contraire, aux colonies la meilleure forme d'imposition. Ils ont, en effet, cet avantage sur les impôts directs, qu'ils ne retardent point comme eux le développement de la culture

(1) « Les colonies réclament un régime de grande douceur pour arriver à travers les maladies économiques qui forment les terribles épreuves de leur enfance, à la consistance et à la force de la maturité » (Paul Leroy-Beaulieu, *De la colonisation chez les peuples modernes*, p. 581).

coloniale. Leur recouvrement est facile et peu coûteux puisqu'il se réalise dans des endroits déterminés, à l'entrée des ports et non plus dans toute l'étendue de la colonie.

Aussi, les impôts de consommation sont-ils la base du système fiscal des colonies anglaises : dans plusieurs d'entre elles on ne perçoit pas d'autres contributions. Les résultats ont prouvé que ces colonies n'ont qu'à se féliciter de l'adoption de ce régime, à la condition toutefois de conserver aux impôts de consommation le caractère purement fiscal, sans vouloir en faire une arme de protection.

Non seulement les taxes devraient être différentes, mais il serait utile aussi que le mode d'assiette employé ne fût pas le même aux colonies que dans la métropole.

L'impôt sur les terres, par exemple, qui, en France, se trouve, par l'application d'un principe d'équité, varier suivant la nature des produits de ces terres, ne saurait, sans violer ce même principe, être établi de la même manière dans les colonies de formation récente. Les revenus de telle ou telle culture pouvant être difficilement prévus lors des premiers défrichements du sol, il convient, au contraire, d'établir un impôt uniforme et léger sur les diverses terres.

Enfin l'application même de l'impôt peut revêtir dans des pays neufs des formes inusitées dans les pays d'Europe « prisonniers de leurs traditions séculaires ». Un exemple remarquable et qui mériterait d'être suivi, nous en est donné par le système des *impositions locales* organisé par les Etats-Unis.

Au lieu d'être réunis en un total de produits dont l'application aux diverses dépenses échappe au contribuable, faute de liens sensibles entre ces deux opérations, l'utilisation qui est faite du montant des impositions locales apparaît clairement aux yeux de ceux même auprès desquels il a été recouvré : il est employé à construire des routes, des édifices d'utilité commune, ou tous autres travaux représentant un intérêt direct pour les contribuables. Aussi sa perception trouve-t-elle fort peu de difficulté et exige-t-elle très peu de frais.

En résumé, il faut profiter de ce que l'on se trouve en présence de pays nouveaux dans lesquels tout est à créer, à organiser, pour adopter un système fiscal approprié à ses besoins, sans se laisser influencer par les habitudes établies dans la métropole (1).

Or si l'on examine les budgets locaux des colonies françaises on y retrouve, à peu de chose près, les mêmes impôts que dans celui de l'Etat avec les mêmes modes d'assiette et de perception : le taux en est moins élevé, il est vrai, la plupart du temps qu'en France, la liste ne s'en retrouve pas au complet dans toutes les colonies ; mais on chercherait vainement un impôt exclusivement colonial n'empruntant à ceux du continent ni la forme ni le caractère.

A part la forme spéciale revêtue par l'impôt foncier dans certaines colonies et seulement à l'égard de certaines terres, consistant dans le remplacement que l'on ne saurait trop louer de l'impôt direct par un droit de sortie, on rencontre seulement quelques taxes inusitées en France, établies sur des produits spéciaux à quelques colonies, comme

(1) « Une contrée est une table rase où l'innovation est facile parce que tout est innovation et ce serait insensé de transporter dans ces contrées nouvelles, où aucun précédent mauvais n'est établi, des taxes qui existent dans l'ancien monde parce qu'elles y ont depuis longtemps existé, mais qui sont reconnues mauvaises et pernicieuses » (Paul Leroy-Beaulieu, *De la colonisation chez les peuples modernes*, p. 588).

l'opium, ou basées sur l'organisation sociale de certaines d'entre elles comme la taxe sur les étrangers, et c'est tout.

A quelle cause peut-on attribuer ce caractère d'uniformité des régimes fiscaux établis en France et dans les colonies? Il semble que la liberté laissée aux conseils locaux en matière de tarifs dut être une garantie en faveur de l'application du système le mieux approprié à chaque colonie. C'est au contraire dans cette liberté, dont nous avons déjà signalé le caractère excessif, que l'on doit rechercher la cause de l'extension générale du système de la métropole.

Cette proposition qui paraît en vérité un peu paradoxale, s'explique pourtant assez naturellement. Dès qu'une colonie a atteint ce premier degré de développement qui lui permet de s'imposer elle-même, son assemblée, dont les membres n'ont ordinairement qu'une très faible connaissance de la science économique, songe immédiatement, pour user de ses nouvelles attributions, à établir un ensemble de règles fiscales. Où peut-elle les emprunter, si ce n'est à la métropole qui lui fournit, lui semble-t-il, le meilleur exemple de l'usage que peut faire un pays de son autonomie financière. D'autre part, les conseils locaux savent que l'approbation qu'ils doivent obtenir du gouvernement métropolitain sera plus facilement obtenue à l'égard de taxes dont il connaît l'application, que pour l'établissement d'impôts absolument nouveaux : car c'est ici que la métropole partage les torts des colonies en manifestant ses préférences pour l'adoption de son propre régime fiscal.

Si, au contraire, les impôts étaient établis directement aux colonies par les soins d'un gouvernement central qui reconnaîtrait la nécessité de réglementer chacune de ses possessions d'après la nature de ses ressources et d'après le caractère de ses besoins, nos colonies verraient disparaître l'obstacle que leur régime fiscal actuel oppose à leur prospérité. Quelle attirance peut exercer l'émigration aux colonies sur tous ceux qui se trouvent trop pauvres pour supporter les impôts de la métropole, alors qu'ils sont certains de les retrouver au delà des mers ? Peut-on s'étonner ensuite que beaucoup de Français préfèrent choisir les colonies étrangères comme lieu d'expatriation ?

Etant donné le caractère des impositions coloniales, nous allons rapidement (1) les passer en revue en suivant l'ordre dans lequel elles se rencontrent dans notre propre budget et en signalant les particularités de leur application dans certaines de nos colonies. Nous distinguerons donc les impôts directs et les impôts indirects.

A. — Impôts directs.

Les impôts directs en France se divisent en deux parties : les *contributions directes* et les *taxes assimilées*.

A. — *Contributions directes.*

Les contributions directes sont :

La contribution foncière ;

La contribution personnelle et mobilière ;

La contribution des portes et fenêtres ;

La contribution des patentes.

Il convient d'éliminer tout d'abord la contribution des portes et fenêtres, qui n'existe dans aucune de nos colo-

(1) Consulter pour l'exposé détaillé des impôts aux colonies les deux ouvrages suivants : Dislère, *Traité de législation coloniale*, t. I, titre VI ; Petit, *Organisation des colonies*, t. I, titre VII.

nies et dont la suppression en France est du reste admise en principe à partir de 1894, sans avoir été jusqu'à ce jour réalisée.

L'impôt foncier est établi dans toutes nos colonies, excepté dans les établissements de l'Océanie, à St-Pierre et Miquelon (1), au Congo et à Obock.

Il se retrouve dans la plupart avec les mêmes caractères qu'il présente en France : impôt direct sur toutes les propriétés immobilières bâties ou non bâties. Le taux en est très variable depuis 0,50 0/0 (Nouvelle-Calédonie), jusqu'à 7 0/0 (Martinique).

Dans certaines colonies, l'impôt foncier est limité aux propriétés bâties : c'est ainsi que, à la Guadeloupe, à la Réunion, au Sénégal et à la Guyane, les terrains non bâtis s'en trouvent complètement exemptés.

Étendu à toutes les propriétés ou limité seulement aux constructions, l'impôt foncier est établi, comme en France, d'après le revenu du terrain. Une seule exception se rencontre à la Réunion où les habitations sont taxées suivant leur valeur en capital et non d'après leur valeur locative. Cet impôt prend le nom d'*impôt des maisons* : il est fixé à 0,35 0/0.

Pour établir la base de l'impôt sur le revenu des terres, il n'existe pas aux colonies de cadastre comme en France. Il est remplacé par un tableau d'évaluation des divers terrains dressé dans chaque colonie par les soins d'une commission qui se réunit soit annuellement, soit à des époques déterminées. Dans l'Inde, certaines villes comme Chandernagor, possèdent un livre d'arpentage du nom d'*hos-*

(1) Il a existé à St-Pierre et Miquelon, jusqu'en 1890. Une délibération du conseil général du 27 octobre 1890, rendue exécutoire par arrêté du gouverneur le 24 novembre 1890, l'a supprimé.

tobonde, dont la création remonte à 1819 et d'après lequel est fixée la contribution foncière.

Des exemptions sont accordées pour l'impôt sur les terres en faveur de certaines cultures en Cochinchine (cocotiers, aréquiers, coton), et pour l'impôt sur les maisons en faveur des petits loyers (au Sénégal et à la Guyane). Des distinctions existent pour l'application de l'impôt dans les centres ou dans les villages en Cochinchine, à Mayotte, au Sénégal et à la Guyane.

Enfin il existe à la Martinique et à la Guadeloupe une forme spéciale de l'impôt foncier, seulement en ce qui concerne les terres réservées à la culture de la canne à sucre. Ces terres sont exemptées de l'impôt direct, mais il est perçu à la place un droit de sortie sur les sucres produits. Ce système fiscal remonte à l'ancien régime : nous avons signalé, en étudiant les impôts coloniaux à cette époque, l'absence de toute contribution foncière, l'établissement d'une taxe sur les esclaves à laquelle fut substituée, à la Martinique, un droit de sortie (ordonnance du 29 juillet 1763).

Une forme analogue de l'impôt foncier se retrouve appliquée aux terrains des *salines* dans l'Inde, la Cochinchine et la Nouvelle-Calédonie. L'impôt des salines est appliqué à la sortie sur le produit brut. Le taux en varie suivant les colonies et, dans l'Inde, suivant les quatre villes (Pondichéry, Karikal, Mahé et Yanaon, Chandernagor se trouvant exceptée par sa situation naturelle).

La contribution *personnelle et mobilière* se dédouble aux colonies en deux impôts distincts qui ne se trouvent exister ensemble que dans une seule colonie, le Sénégal (impôt personnel des villages du 2e arrondissement et impôt locatif).

L'*impôt personnel* est établi dans un grand nombre de

colonies soit sous la forme qu'il revêt en France, c'est-à-dire perçu par tête d'habitant (1), soit portant seulement sur certaines classes d'habitant : c'est ainsi qu'on trouve en Cochinchine une capitation des étrangers asiatiques (2), dans les établissements de l'Océanie une taxe également sur les Asiatiques, à la Réunion et à Nossi-Bé une taxe d'immigration.

Dans ces diverses colonies, ces capitations spéciales existent du reste simultanément avec l'impôt personnel (En Cochinchine l'impôt personnel est limité aux indigènes).

Dans les établissements de l'Océanie, il existe de plus une autre forme de l'impôt personnel : les *prestations*. Cette contribution est calculée à raison de 2 francs par journée de prestation et le taux en est porté à 6 journées. Les prestations ne se rencontrent que dans le budget de cette colonie, qui se trouve ainsi réunir trois sortes de contributions personnelles (l'impôt personnel), les prestations et la taxe de capitation sur les Asiatiques.

Dans les colonies où l'impôt personnel est établi, il représente une partie importante des ressources locales (3).

Aux Antilles, à la Guyane, à St-Pierre et Miquelon et dans les nouvelles possessions africaines, il n'est perçu aucune contribution personnelle. En revanche, les Antilles et la Guyane ont établi une *contribution mobilière*

(1) Le taux varie avec les colonies : 6 francs par tête à la Réunion ; 20 francs à Tahiti et seulement 1 fr. 50 au Sénégal.

(2) Au Cambodge, il y a une capitation spéciale pour chaque race : impôt personnel des Cambodgiens et des Malais ; cens des Annamites ; capitation des Chinois et des Indiens.

(3) A la Réunion, par exemple, le montant de l'impôt personnel s'élève à plus de 200.000 francs sur un total de 600.000 francs pour les contributions directes.

qui rapporte environ de 30.000 à 40.000 francs à chacun des budgets de la Martinique, de la Guadeloupe et de la Guyane (dans cette dernière la contribution prend le nom d'impôt locatif). Il est accordé des exemptions d'impôts aux loyers de faible importance. Au Sénégal, il est également perçu un impôt locatif (50.000 fr.) qui vient s'ajouter à l'impôt personnel.

La *contribution des patentes* est établie dans toutes nos colonies. Le mode d'assiette est emprunté au système français : combinaison du droit fixe et du droit proportionnel. Le premier existe seul dans certaines colonies, comme à la Guyane et à St-Pierre et Miquelon. L'impôt des patentes constitue un des éléments les plus importants des budgets locaux. Son rendement équivaut en moyenne à la moitié du total des contributions directes dans chacune des colonies. A St-Pierre et Miquelon, il est le seul impôt direct perçu.

Des *centimes additionnels* généraux ou spéciaux viennent s'ajouter, comme dans la métropole, aux contributions directes.

Enfin on trouve au budget de l'Etat, à la fin des contributions directes, une source de revenus assez peu importante sous le titre de *frais d'avertissements* : cette ressource se retrouve dans les budgets coloniaux.

B. — *Taxes assimilées.*

Les taxes assimilées aux contributions directes qui composent la seconde partie des impôts directs de la métropole, se retrouvent également pour la plupart aux colonies. Mais elles y sont disséminées, chacune étant adoptée seulement dans certaines de nos possessions, et aucune ne présentant un caractère vraiment général d'établissement. Seule la taxe de *vérification des poids et mesures* est établie à peu près dans toutes nos colonies, étant la conséquence nécessaire de l'extension du système décimal aux pays d'outre-mer.

On retrouve aussi dans plusieurs colonies l'imposition des moyens de transport sous leurs diverses formes : tantôt taxe sur les *voitures et charrettes* à la Réunion et dans l'Inde (excepté dans la ville de Yanaon), *tantôt impôt sur les barques de rivières et de mer* en Cochinchine.

Dans certaines autres est perçue *la redevance des mines*. Elle représente à la Guyane et surtout à la Nouvelle-Calédonie une importante ressource coloniale.

La *taxe des biens de mainmorte* existe à la Réunion.

Un impôt qui se trouve classé à part dans le budget de l'Etat, au cours de l'énumération des impôts indirects et dont la place serait plus justement désignée parmi les impôts directs dont il revêt les caractères, l'*impôt sur le revenu des valeurs mobilières*, est établi à la Martinique et à la Guadeloupe au profit des budgets locaux.

B. — Impôts indirects.

Les impôts indirects peuvent se diviser en quatre groupes :

L'enregistrement ;

Les contributions indirectes ;

Les douanes ;

Les postes et télégraphes.

A. — *Enregistrement.*

Les *droits d'enregistrement* reposent sur un principe d'utilité publique, la garantie du droit de propriété.

Cette garantie utile dans la métropole semble encore plus indispensable aux colonies où la propriété doit être d'autant plus protégée qu'elle est plus récente et plus faible. Le service de l'enregistrement ainsi que ceux qui en dérivent sont donc nécessaires à toute bonne organisation coloniale (1). Pour subvenir aux frais de ce service, il est perçu certaines taxes qui viennent grossir les ressources locales. Aussi trouve-t-on le produit des droits d'enregistrement, de timbre, de greffe et d'hypothèque dans toutes nos colonies, excepté à Saint-Pierre et Miquelon.

B. — *Contributions indirectes.*

Les *contributions indirectes* revêtent une variété de formes plus grande encore qu'en France.

On retrouve d'abord l'impôt des boissons.

Il frappe dans toutes les colonies la consommation des alcools, tantôt limité aux alcools importés, tantôt étendu aux alcools fabriqués dans l'intérieur de la colonie, comme aux Antilles, à la Réunion, à Mayotte, à Nossi-Bé et dans la Cochinchine.

Ainsi qu'en France, des droits de licence doivent être payés par les marchands en gros ou en détail, de même que par les fabricants, dans les colonies de la Réunion, la Martinique, la Guadeloupe, dans les établissements de l'Océanie, de la Nouvelle-Calédonie et en Cochinchine.

Les tabacs, qui ne sont pas monopolisés comme en France, sont frappés d'une taxe de *consommation* aux Antilles, à la Réunion, à la Guyane, à St-Pierre et Miquelon,

(1) La loi du 22 frimaire an VII a été étendue aux Antilles et à la Guyane par l'ordonnance du 28 décembre 1828 qui a introduit dans la loi des modifications très remarquables. Cette ordonnance, due à la collaboration de la Cour de cassation, reste un document fort précieux pour l'étude du service de l'Enregistrement (voir Butel, thèse de doctorat, Paris, 1893).

au Sénégal, dans l'Inde, en Cochinchine. Les huiles, les stéarines, les allumettes et les cartes à jouer sont taxées dans certaines colonies.

D'autre part, il existe aux colonies des taxes inconnues en France, comme des droits sur les poissons salés (Guadeloupe), sur l'or natif (Guyane), les gommes (Sénégal), les riz (Cochinchine), l'entrepôt du pétrole (St-Pierre et Miquelon), de la dynamite (Sénégal).

L'opium est monopolisé en Cochinchine et dans les Etablissements de l'Océanie. Il est frappé d'une taxe de consommation à la Guyane et à la Nouvelle-Calédonie.

Le sel est exempt de tous droits dans toutes les colonies, excepté dans l'Inde où le monopole existe (sauf toutefois à Chandernagor qui ne se trouve point sur le littoral).

Enfin on trouve dans le budget local de la Guyane, classés parmi les contributions directes, des *droits de cabotage* et des droits de *licences des entreposeurs de poudre* qui devraient régulièrement être compris au nombre des contributions indirectes. Les droits de consommation dont la perception est autorisée à Madagascar, ont été déterminés par le décret du 27 février 1897. Les matières qui y sont énumérées sont les suivantes : vins, cidres, poirés, bières, liqueurs, rhum, eau-de-vie, tabac, opiums, poudre, tissus, huiles, pétroles, allumettes, cartes à jouer. Le taux du droit établi sur chacune d'elles est fixé en regard dans le tableau qui en contient l'énumération.

C. — *Douanes.*

La législation relative aux *droits de douane* a été entièrement transformée par la loi du 11 janvier 1891, dont nous avons déjà parlé. Nous connaissons les dispositions générales de cette loi concernant les douanes et l'octroi de mer, ainsi que les raisons qui en ont nécessité la promulgation.

Actuellement les colonies françaises se trouvent divisées en deux groupes : les colonies assimilées d'après la loi de 1892, qui sont les plus nombreuses, et les colonies qui demeurent en dehors de l'application de ladite loi. Ces dernières sont : le Sénégal, l'Inde, les établissements de l'Océanie, Obock, les colonies de la côte occidentale d'Afrique excepté le Gabon.

Dans chacun de ces groupes la législation douanière et par conséquent les droits perçus, sont différents. Dans les colonies assimilées par la loi de 1892, les droits de douane frappent les produits étrangers importés d'après les mêmes tarifs que ceux qui leur sont appliqués à leur entrée en France. On sait que ce principe peut subir quelques modifications, l'article 3 de la loi permettant à des décrets d'apporter au tarif général des atténuations spéciales, à celles des colonies dont les conseils généraux émettent des vœux dans ce sens.

C'est ainsi que sont intervenus divers décrets au cours de l'année 1892 (1). Les atténuations qu'ils ont accordées sont d'assez faible importance. D'abord une exemption générale à toutes les colonies : celle des *surtaxes d'entrepôt* des produits importés (art. 43). Les atténuations spéciales

(1) Les décrets du 26 novembre 1892 ont appliqué le tarif métropolitain à la Martinique, la Réunion, la Nouvelle-Calédonie et ceux du 29 novembre 1892 l'ont appliqué à la Guadeloupe, la Guyane, l'Indo-Chine, le Gabon, celui du 21 décembre 1892 à Saint-Pierre et Miquelon. — Un décret du 30 mars 1893 a modifié le régime de la Martinique, en l'assimilant complètement à celui de la Guadeloupe dont il différait, d'après le décret du 26 novembre 1892, par plus de rigueur dans l'application du tarif général. Le décret du 23 mai 1896, en réunissant Mayotte et les Comores à la Réunion, a expressément appliqué le tarif général dans ces îles.

portent surtout sur des comestibles : les viandes et les poissons salés, les fruits à manger, les farines alimentaires. Elles s'étendent aux animaux vivants. Ces divers produits jouissent d'une diminution de tarif et souvent d'une exemption complète. Les bois obtiennent aussi des détaxes dans la plupart des colonies, les outils et les machines seulement à la Nouvelle-Calédonie. Les produits chinois qui ne font pas concurrence à des produits français similaires, sont exempts de taxe en Indo-Chine.

Les décrets ne se sont pas bornés à accorder des atténuations. Ils ont aussi introduit des taxes spéciales, des relèvements de tarifs et enfin des prohibitions.

Au nombre des taxes spéciales se trouvent les droits établis à l'importation des tabacs et des allumettes, que le monopole n'atteint pas comme en France.

Des surtaxes s'appliquent à un très petit nombre de produits, comme certains produits chinois en Indo-Chine, d'un usage reconnu dangereux (1).

Enfin les prohibitions sont établies dans le but de protéger la culture indigène. Telles sont les prohibitions des sucres à la Martinique et en Indo-Chine, des rhums et des mélasses à la Réunion, de l'opium en Indo-Chine et à Mayotte.

Des dispositions spéciales pour les questions d'entrepôt et de transit existent à l'égard de l'Indo-Chine (2). Les droits de douane ne frappent pas seulement les importations. Ils s'étendent aussi aux exportations. Mais ici leur portée

(1) Article 5 du décret du 29 novembre 1892.

(2) L'entrepôt fictif peut être accordé aux marchandises étrangères dans les ports de Saïgon, Tourane, Haïphong et Hongay. Le transit en Indo-Chine entraîne une diminution de 80 0/0 sur les tarifs établis à l'entrée (art. 6 et 7 du même décret).

est limitée à certains produits dont la production est propre à la colonie.

A la Martinique, il existe des droits de sortie sur les sucres et sur le trafic, à la Guadeloupe et à la Réunion sur les denrées coloniales, en Cochinchine sur les riz, en Océanie sur la nacre.

La loi du 8 août 1896 déclarant Madagascar colonie française, avait appliqué dans cette île un régime douanier provisoire, consistant dans l'entrée en franchise des produits français et dans un tarif de 10 0/0 sur les produits étrangers. La loi du 16 avril 1897 a établi l'application intégrale du tarif général des douanes à Madagascar.

Dans les colonies qui demeurent en dehors de l'application de la loi du 11 janvier 1892, les droits de douane ont été établis par des décrets assez récents. Ces droits frappent généralement *tous* les produits étrangers. Mais ils sont presque toujours moins élevés que ceux du tarif général. Les différents textes qui régissent la situation douanière de ces colonies sont : le décret du 21 juin 1887 pour Nossi-Bé, le décret du 3 septembre 1889 pour la côte d'Ivoire, modifié par celui du 11 août 1897 portant augmentation des droits perçus dans cette colonie, le décret du 1er avril 1898 pour le golfe du Bénin, le décret du 2 décembre 1890 pour le Sénégal (dans cette colonie il existait un droit de 5 0/0 sur toutes les marchandises importées aussi bien françaises qu'étrangères, le décret a ajouté une surtaxe de 7 0/0 sur les marchandises d'origine étrangère), le protocole du 8 avril 1892 fixant un tarif de 6 0/0 *ad valorem* porté à 10 0/0 pour certains produits dans la colonie du Congo (1), le décret du 27 mai 1892

(1) Jusqu'en 1890, il ne pouvait être perçu de droits de douane au Congo aux termes de la conférence de Berlin du 26 février 1885 réglant la

pour la Guinée et ses dépendances, le décret du 9 mai 1892 pour les établissements de l'Océanie où est établi un tarif variant de 8 à 15 0/0. Il existe aux colonies des droits à la sortie sur certaines marchandises exportées. Tels sont, au Sénégal les droits de sortie sur les gommes, ceux sur tous les produits de la Casamance, et, dans la suite, au Congo, les droits sur le café, le caoutchouc, les huiles de palme et l'ivoire.

Il n'y a que deux colonies françaises où il ne soit pas perçu de droits de douane : ce sont les villes de l'Inde et la colonie d'Obock.

Parmi les droits de douane figurent généralement les *droits de navigation.* L'existence de ces droits est relatée dans tous les budgets locaux, même dans ceux des colonies qui ne perçoivent pas de droits de douane comme l'Inde.

Aux droits de navigation (1) proprement dits viennent s'ajouter, dans la plupart des colonies, comme en France des droits de statistique.

D. — *Postes et télégraphes.*

Enfin le monopole des postes et télégraphes vient dans chacune de nos colonies accroître les recettes du budget local.

situation du bassin du Congo. La conférence de Bruxelles a autorisé l'établissement par les diverses puissances de droits au taux maximum de 10 0/0 (2 juillet 1890). En conséquence, la France pour sa colonie, le Portugal pour Angola et Cabinda et l'État indépendant du Congo ont valablement fixé les droits de douane à percevoir sur ce territoire par le protocole du 8 avril 1892.

(1) Les taxes de navigation prennent, dans quelques colonies (Martinique, Guadeloupe), le nom de taxes de pilotage. A la Guyane, elles sont désignées par le terme de droits de pilotage, d'aiguade, de tonnage. On y ajoute, dans cette colonie, la location de l'appontement. Il existe en Cochinchine des droits de phare et d'ancrage.

Aux produits de l'impôt sous ses diverses formes, il faut ajouter ainsi que le fait l'article 42 du décret du 20 novembre 1882, afin d'obtenir le total des recettes ordinaires d'une colonie : les revenus de ses propriétés, les produits divers de son budget et enfin les subventions que la métropole peut lui accorder, en application de l'article 6 du sénatus-consulte de 1866, et dont nous avons déjà parlé au chapitre précédent.

II. — Recettes extraordinaires.

De l'énumération qui est faite des recettes extrordinaires par l'article 51 dans l'ordre suivant : contributions extraordinaires, prélèvements sur le fonds de réserve, emprunts et autres ressources extraordinaires spécialement affectées à des travaux ou à des entreprises d'utilité publique ; nous ne retiendrons ici, pour en expliquer la nature, que le *prélèvement sur le fonds de réserve et de prévoyance.* Outre que cette dernière recette extraordinaire se retrouve dans presque tous les budgets locaux, ce qui s'explique par ce fait que les colonies sont obligées d'y avoir recours avant d'employer tout autre moyen pour se procurer des ressources, nous connaissons déjà suffisamment les autres recettes de l'article 51, ayant étudié les emprunts dans la section précédente, et les contributions extraordinaires étant assimilables en tous points aux contributions ordinaires tant par les règles de leur établissement que par les objets sur lesquels elles portent.

Il existe dans chaque colonie un fonds de réserve et de prévoyance alimenté par les économies annuelles réalisées dans l'exécution du budget. Tous les excédents de recettes doivent être versés à cette caisse de réserve jusqu'à concurrence d'un maximum que l'article 78 a pris le soin de fixer pour chaque colonie ainsi qu'il suit :

A la Martinique, à la Guadeloupe et à la Réunion.	1.500.000 fr.
Au Sénégal.	1.300.000 »
A la Guyane et dans l'Inde française.	1.000.000 »
Au Gabon.	500.000 »
A St-Pierre et Miquelon, dans la Nouvelle-Calédonie et dans les établissements français de l'Océanie.	400.000 »
A Mayotte et à Nossi-Bé (1)	200.000 »
A Ste-Marie de Madagascar	100.000 »
Dans la Cochinchine.	9.000.000 »

L'emploi des fonds de la caisse de réserve, en attendant leur utilisation budgétaire, est obligatoirement fait en rentes sur l'Etat ou en valeurs du Trésor (art. 100).

C'est sur ce fonds ainsi constitué que la colonie opère des prélèvements, soit afin de combler un déficit budgétaire, soit afin de pourvoir à une dépense extraordinaire.

Grâce à cet ensemble de ressources ordinaires ou extraordinaires, le budget local va pouvoir prévoir utilement les dépenses dont il a la charge.

§ 2. — Dépenses.

I. — Dépenses ordinaires.

Les dépenses ordinaires peuvent être *obligatoires* ou *facultatives* (art. 46).

(1) Depuis la réunion de Nossi-Bé et de Ste-Marie de Madagascar à la colonie de Madagascar par le décret du 31 janvier 1896, les chiffres qui concernaient les fonds de réserve de ces deux établissements ne sont plus applicables à leurs budgets municipaux maintenant qu'ils ont cessé d'être des colonies pour devenir de simples communes.

A. — *Dépenses obligatoires.*

Le décret de 1882 ne fait pas l'énumération de ces dépenses. Le même article 46 renvoie à la détermination qui en est faite par les actes organiques en vigueur dans chaque colonie.

Ce renvoi équivaut à une reproduction de l'article 7 du sénatus-consulte du 4 juillet 1866 contenant la liste des dépenses obligatoires dans les colonies de la Martinique, la Guadeloupe et la Réunion et reproduit par les articles correspondants (1) des décrets organiques promulgués avant 1882 pour les colonies de la Guyane, de l'Inde et du Sénégal. L'énumération de l'article y comprend : 1° les dettes exigibles ; 2° le minimum, fixé par décret, des frais du personnel et du matériel de la direction de l'intérieur ; 3° les frais de matériel (le personnel restant à la charge de l'Etat), des services de la justice et des cultes ; 4° le loyer, l'ameublement et l'entretien de l'hôtel du gouverneur ; 5° les frais du personnel et du matériel du secrétariat du gouvernement, des ateliers de disciplines et des prisons ; 6° la part afférente à la colonie dans les frais du personnel et du matériel de l'instruction publique, de la police générale, et dans les dépenses des enfants assistés et des aliénés ; 7° le casernement de la gendarmerie ; 8° le rapatriement des immigrants à l'expiration de leur engagement ; 9° les frais d'impression et de publication des budgets et des comptes du service local ainsi que ceux des tables décennales de l'état civil ; 10° le contingent mis à de la charge la colonie ; 11° le fonds de dépenses impré-

(1) Décret du 23 décembre 1878 (Guyane), article 42 ; décret du 25 janvier 1879 (Inde), article 37 ; décret du 4 février 1879 (Sénégal), article 48.

vues (dont nous connaissons déjà le fonctionnement) (1).

Cette liste s'est trouvée pourtant augmentée par le décret du 20 novembre 1882, qui met à la charge des colonies des remises au trésorier payeur en rétribution de sa gestion des services locaux (2).

Les trois décrets de 1885 concernant St-Pierre et Miquelon, la Nouvelle-Calédonie et les établissements français de l'Océanie, ont donné des dépenses obligatoires dans ces colonies, une énumération presque identique. Les neuf premiers paragraphes sont reproduits exactement dans les mêmes termes. Viennent ensuite : 10° les frais d'impression et de publication des listes électorales ; 11° les dépenses du personnel et de l'entretien des ports et des rades ; 12° les remises au trésorier payeur et aux divers comptables coloniaux ; 13° les contingents qui peuvent être mis à la charge de la colonie.

Quant aux autres colonies, dans lesquelles il n'a pas été institué de conseil général, les décrets qui les concernent ne donnent point la liste des dépenses obligatoires. Elle serait en effet inutile, du moment que le gouverneur peut toujours, sous la surveillance du ministre des colonies, remanier le budget local à l'égard duquel il ne se trouve pas lié par les délibérations du conseil d'administration de la colonie.

Il est toujours permis à la métropole d'augmenter le nombre des dépenses obligatoires de ses colonies. Nous avons vu que la loi de finances de 1897 a ajouté à ces dépenses les frais de représentation du gouverneur tels qu'ils

(1) Voir même chapitre, section I, § 3.

(2) Le taux de ces remises est fixé par le gouverneur. — Cette dépense constitue une nouvelle différence entre la colonie et le département, les trésoriers payeurs ne touchant aucune remise sur les fonds départementaux.

sont fixés par le décret (art. 17). Il faut encore citer comme mesure analogue l'article de la loi du 11 janvier 1892 sur le régime douanier qui a compris, parmi les dépenses obligatoires des budgets locaux, les dépenses du personnel et du matériel du service des douanes.

En Cochinchine les dépenses obligatoires se trouvent rendues beaucoup plus nombreuses par l'imposition à la charge de la colonie de certaines dépenses auxquelles l'Etat pourvoit dans les autres établissements. Ces dépenses étant d'autre part nécessaires à l'organisation civile et militaire de la colonie, sont classées, par leur nature même, parmi les dépenses obligatoires (1).

B. — *Dépenses facultatives.*

Toutes les autres dépenses ordinaires de la colonie sont facultatives. Le conseil général est entièrement libre à leur égard, après avoir pourvu aux dépenses obligatoires. Il ne peut pourtant pas dépasser les limites des ressources budgétaires. Si cela arrivait, les dépenses facultatives seraient réduites par le gouverneur d'après l'article 9 du sénatus-consulte de 1866.

Nous savons que ces dépenses peuvent également être réduites dans le cas où le conseil général aurait insuffisamment pourvu aux services des dépenses obligatoires.

Chacune des deux catégories de dépenses obligatoires et facultatives, constitue une section dans le budget local. Chaque section se divise en chapitres, chaque chapitre comprend des services corrélatifs et de même nature et

(1) On a vu que les frais mis à la charge de la Cochinchine, à l'occasion de l'occupation du Laos, ont été déclarés dépenses obligatoires par le décret du 13 janvier 1897.

se subdivise lui-même en articles (art. 47 du décret du 20 novembre 1882).

II. — Dépenses extraordinaires.

L'article 54 du décret de 1882 nous donne des dépenses extraordinaires la définition suivante : ce sont « les dépenses qui correspondent aux recettes extraordinaires de l'article 51 », c'est-à-dire toutes dépenses nécessitées par des travaux ou des entreprises d'utilité publique. La limitation même de ces dépenses se trouve donc dans les diverses approbations que la colonie est obligée d'obtenir pour se créer une ressource extraordinaire.

La forme du budget local étant ainsi déterminée en ses diverses parties, nous allons suivre maintenant ce budget dans sa dernière phase : celle de son exécution.

SECTION III

EXÉCUTION DU BUDGET LOCAL.

A l'exécution des services locaux comme à celle des services métropolitains coopèrent deux classes d'agents : les uns faisant emploi des crédits ouverts, liquidant et mandatant les dépenses, ce sont les ordonnateurs ; les autres payant ces dépenses et percevant les recettes, ce sont les comptables. Aux colonies les fonctions d'ordonnateur du service local ont été jusqu'à ce jour attribuées au directeur de l'intérieur qui devra désormais les céder au gouverneur. Celles de comptable sont confiées au trésorier-payeur pour le service des dépenses, tandis qu'elles se partagent pour le service des recettes entre ce fonctionnaire et d'autres agents de perception.

§ 1. — De l'ordonnateur.

Jusqu'au décret du 21 mai 1898, le directeur de l'intérieur, qui intervenait dans l'exécution des services métropolitains aux colonies, et donnait ses soins à la préparation du projet du budget local, était aussi chargé de l'exécution des services locaux. Son rôle à ce dernier point de vue se répartissait en trois ordres de questions : l'emploi des crédits, la liquidation des dépenses et le mandatement des dépenses (1).

Emploi des crédits.

« Le directeur de l'intérieur dispose seul et sous sa responsabilité des crédits ouverts au budget local, mais il ne peut les dépasser » dit l'article 55 du décret du 20 novembre 1882. Tel est, à la fois exposé et limité, le rôle du directeur.

Il est seul ordonnateur principal des services locaux dans la colonie. Mais il n'est que l'exécuteur des volontés du conseil général ratifiées par l'arrêté du gouverneur. Chaque chiffre porté au budget en évaluation d'un crédit constitue donc une limite à l'initiative du directeur.

Mais ainsi circonscrite, celle-ci trouve à s'exercer de la manière suivante :

Le budget local est voté par chapitres (art. 47), c'est-à-dire que le conseil général fixe pour chaque chapitre le montant du crédit qui lui sera accordé. Or, un chapitre

(1) Ce rôle va maintenant appartenir au gouverneur qui deviendra ordonnateur principal des dépenses locales en même temps qu'ordonnateur secondaire des dépenses métropolitaines.

représente un ensemble de services corrélatifs. Mais chacun de ces services fait l'objet d'un *article* constituant ainsi autant de divisions dans le chapitre qu'il y a de services différents.

L'évaluation du crédit à accorder à chaque article n'étant pas faite par le conseil général, c'est au directeur de l'intérieur que revient le soin de faire cette répartition. L'article 63 lui confie cette attribution en réservant à l'égard des décisions prises par lui sur ce point l'approbation du gouverneur en conseil privé.

Dans l'intérieur d'un chapitre le directeur peut donc exercer son initiative ; mais il doit respecter le chapitre qui demeure l'unité budgétaire intangible. Il importe peu que les prévisions du conseil général se soient trouvées ou non en défaut. Si certains chapitres se sont trouvés insuffisamment dotés, il faudra avoir recours à des *crédits supplémentaires*. Si d'autres ont été pourvus au delà des besoins qu'ils représentaient, ils donneront lieu au contraire à des *annulations de crédits*. Mais, en principe, tout au moins, l'agent d'exécution n'a pas le droit de rétablir lui-même l'équilibre au moyen d'une opération de compensation : cette opération se nomme un *virement*.

Après une expérience qui ne donna lieu qu'à des abus, le système des virements inauguré en France par la loi du 31 décembre 1861, a été complètement et nettement abrogé dans le budget de l'Etat par la loi du 16 septembre 1870 (1). Aux colonies, le décret du 20 novembre 1882 n'autorise les virements de crédits qu'à l'égard d'une seule catégorie de dépenses, les dépenses obligatoires.

(1) « Aucun virement de crédit ne peut avoir lieu d'un chapitre à un autre. » Loi du 15 septembre 1870, art. 30 (Voir Stourm, *Le budget*, chapitre XVI, § 4.

Ici, en effet, le danger que présente d'ordinaire l'emploi des virements disparaît (1). Comme la colonie doit nécessairement supporter ces dépenses, toute opération tendant à y pourvoir, sans compromettre l'équilibre budgétaire, au moyen d'une compensation, devient légitime. Aussi l'article 56 prévoit-il le virement dans ce cas spécial et le réglemente-t-il de la façon suivante : Tout virement de crédits d'un chapitre à un autre ne peut être opéré que sur des dépenses obligatoires ; il doit être autorisé par arrêté du gouverneur en conseil privé. Cet arrêté est notifié au trésorier-payeur, produit à la Cour des comptes, et régularisé par le conseil général.

En somme, on retrouve dans le virement tous les éléments du budget lui-même avec cette différence fondamentale que l'initiative est laissée au gouverneur et la régularisation accordée ultérieurement au conseil général, à l'inverse de ce qui se passe pour les dispositions budgétaires.

Le directeur de l'intérieur n'est ici que l'exécuteur des décisions du gouverneur comme il est celui des volontés du conseil général au sujet des autres crédits.

Mais il peut exister en dehors des crédits votés dans le budget, des ressources qui, sans y être prévues, pourraient toutefois donner lieu à un emploi : par exemple une vente de meubles ou d'immeubles appartenant à la colonie.

Le directeur de l'intérieur a-t-il quelque initiative à ce sujet? L'article 59 la lui refuse d'une façon générale en décidant que le produit *brut* de toute vente de meubles doit être porté au budget. Il ne peut donc être fait aucun

(1) Ce danger consiste dans le fait qu'il est fait emploi des annulations de crédits au lieu d'en laisser le profit au Trésor.

prélèvement sur le montant de ces ventes. L'article ajoute qu'elles sont faites dans les formes prévues pour les ventes de meubles ou d'immeubles appartenant à l'Etat. C'est là une application du principe désormais établi en France qui exige que le budget soit *universel*, c'est-à-dire qu'il comprenne en ses dispositions la totalité des opérations, recettes et dépenses qui devront être effectuées.

Mais l'article 60 vient apporter une exception à cette règle en déclarant que les dispositions précédentes ne sont pas applicables aux *matériaux dont il peut être fait remploi*. Dans ce cas spécial, le changement d'affectation d'un chapitre à un autre est autorisé, ce qui peut arriver pour des matériaux employés à une construction intéressant un autre service sans qu'il soit besoin pour cela d'obtenir une nouvelle autorisation budgétaire.

Enfin l'article 61 consacre comme l'article 59, le principe de l'universalité budgétaire en disposant que les restitutions de sommes indûment payées sont portées en recettes.

Ainsi se trouve délimité le rôle du directeur de l'intérieur en ce qui concerne l'emploi des crédits. Pourra-t-il du moins dans la limite de ces crédits en diriger l'usage suivant son désir? Il semblerait qu'il en dût être ainsi puisqu'il agit sous sa responsabilité personnelle. Mais afin de le protéger contre lui-même, une restriction est encore apportée à son initiative. La totalité des crédits n'est pas mise à sa disposition d'un seul bloc après l'établissement définitif du budget. Il lui en est fait remise par parties à des intervalles réguliers. C'est ce qui fait l'objet de la *distribution mensuelle de fonds* prévue par l'article 64. Cette distribution est réglée par le gouverneur en conseil privé qui fixe ainsi chaque mois les crédits dont pourra disposer le directeur de l'intérieur le mois suivant. C'est l'extension (1) aux colonies de l'article 61 du décret du 31 mai 1882.

Ainsi se trouve réglé l'emploi des crédits par le directeur de l'intérieur. Suivant quels modes va-t-il appliquer cet emploi aux destinations diverses qui en sont la raison d'être? Les crédits, nous le savons, sont destinés à rembourser les divers créanciers du budget. Le remboursement donne lieu à des opérations successives que se partagent l'ordonnateur et le comptable : au premier appartiennent la liquidation et le mandatement, au second le paiement.

Liquidation des dépenses. — On ne peut payer un créancier que lorsque le montant de sa dette est exactement déterminé. La liquidation est l'opération qui consiste à établir cette détermination. Elle est confiée au directeur de l'intérieur (article 65). Les créanciers doivent eux-mêmes demander la liquidation de la dette dont ils réclament le paiement. Afin de l'obtenir, ils doivent produire leurs titres relatés en des pièces de natures diverses : mémoires, certificats, factures, marchés, etc... Ces titres ne peuvent valablement entraîner la liquidation que dans le cas où ils relatent et prouvent des droits actuellement *acquis* aux créanciers (article 66). Il faut que la dette soit bien exigible, que les travaux aient été effectués, les livraisons réalisées. A ce même ordre d'idées se rattache la prohibition des *acomptes* contenue dans l'article suivant. Aucun acompte, dit l'article 68, ne peut être consenti si

(1) « Chaque mois, le ministre des finances propose au chef du pouvoir exécutif, d'après les demandes des autres ministres, la distribution des fonds dont ils peuvent disposer le mois suivant. »

ce n'est pour un *service fait*, et l'acompte, dans le seul cas où il soit autorisé, ne peut jamais dépasser les cinq sixièmes des droits constatés (1).

Cette question nous amène à parler des marchés. Quelle est l'autorité chargée de passer les marchés au nom de la colonie ? Cette attribution n'appartient pas au directeur de l'intérieur. C'est le gouverneur en conseil privé qui fixe les bases des marchés, qui en détermine les formes et les conditions (article 69). C'est lui qui représente dans cette circonstance les intérêts de la colonie.

Dans cette seconde partie, on le voit, le directeur de l'intérieur était déjà, ainsi que dans la première, obligé de partager ses attributions avec le gouverneur (2). Au contraire, la troisième, que nous allons examiner, était réservée à sa seule initiative.

Mandatement des dépenses. — Après avoir déterminé le montant des créances, le directeur de l'intérieur est chargé de délivrer aux créanciers de la colonie les titres qui leur permettront d'obtenir le paiement des sommes liquidées à leur profit. Son rôle sur ce point n'a d'autres limites que celles des crédits réguliers et de la distribution mensuelle des fonds (article 71). Dans ce seul cas le di-

(1) Il ne faut pas confondre ces acomptes avec les *avances* faites aux services régis par économie. Il ne s'agit plus pour ces dernières d'un paiement à effectuer au profit d'un créancier déterminé de la colonie. Il s'agit au contraire de services exécutés par la colonie elle-même, *en régie*, et confiés à des agents intermédiaires chargés de pourvoir directement aux dépenses sans autre autorisation préalable.

Comme il est le plus souvent impossible de prévoir le montant des dépenses que doivent occasionner ces services, des avances sont accordées aux régisseurs sur les fonds coloniaux. En aucun cas, ces avances ne peuvent dépasser la somme de 10.000 francs, cette limitation est fixée par l'article 81 qui autorise les avances aux services coloniaux régis par économie.

(2) Le décret du 21 mai 1898 entraînera donc sur ce point une simplification.

recteur peut être tenu de recourir à l'autorisation du gouverneur pour effectuer le mandatement des dépenses. C'est celui où il voudrait déléguer ses pouvoirs à un ordonnateur secondaire : cette délégation donnerait lieu à un arrêté du gouverneur en conseil privé (article 72).

Le mandatement consiste dans la confection d'un titre de paiement. Ce titre est-il soumis à l'observation de certaines formes ? L'article 75 dit à ce sujet que tout mandat doit énoncer le chapitre du budget qu'il concerne et l'exercice auquel il est affecté. Nous avons eu l'occasion de donner la définition de l'exercice en étudiant les services compris dans le budget de l'Etat. Il nous suffit d'en indiquer les délais en ce qui touche les services locaux. Ces délais diffèrent de ceux que nous connaissons et sont déterminés par l'article 39 ainsi qu'il suit : La période pendant laquelle doivent *se consommer* les recettes et les dépenses de l'exercice se prolonge : 1° jusqu'au 28 février pour les services du matériel dont l'exécution, d'après les déclarations motivées du directeur de l'intérieur, n'a pu être terminée avant le 31 décembre ; 2° jusqu'au 20 juin pour la liquidation et le mandatement des dépenses ; 3° jusqu'au 30 juin pour le recouvrement des produits et le paiement des dépenses. Après le 20 juin de la seconde année le directeur de l'intérieur ne peut donc plus liquider ni mandater. Mais les créanciers ne sont point pour cela privés de leurs droits : il leur est encore possible de se faire délivrer un titre : seulement l'ordonnancement de la dépense sera effectué sur le nouvel exercice en exécution d'un autre budget établi par le conseil général en de nouvelles délibérations. La dépense ainsi mandatée sera imputée sur un chapitre spécial intitulé *dépenses sur exercice clos* (1).

(1) « Les paiements à effectuer pour solder les dépenses des exercices

Pourtant si la clôture de l'exercice n'entraîne pas la perte des droits des créanciers, il est un terme que ceux-ci ne peuvent laisser passer : c'est celui de la péremption. Toute dépense qui n'a pas été liquidée, ordonnancée et payée se trouve définitivement éteinte. La déchéance quinquennale atteint les créanciers des colonies comme ceux de l'Etat français (1). Le délai de cette prescription est prolongé d'une année en faveur des créanciers résidant hors du territoire de la colonie (art. 94).

Il peut se faire que certaines dépenses survivent à la déchéance quinquennale. C'est ce qui arrive lorsque l'ordonnancement ou le paiement en a été retardé par le fait de l'administration ou d'une instance devant un tribunal administratif. Ces dépenses figurent alors au budget sous le titre de *dépenses des exercices périmés non frappés de déchéance.*

Rédigé dans la forme requise par l'article 73, le mandat avant d'être remis à l'ayant droit va faire l'objet d'une double transmission opérée entre les bureaux de l'ordonnateur et ceux du comptable. Le mécanisme de cette procédure est développé par les articles 74 et 85 : chaque soir, les mandats émis dans la journée par le directeur sont envoyés au trésorier-payeur qui est, ainsi que nous le verrons, le seul comptable chargé de la dépense. Les mandats doivent être accompagnés des *pièces justificatives* constituant les titres des créanciers et d'un *bordereau d'émis-*

clos sont mandatés sur les crédits ouverts dans le budget de l'exercice courant aux différents chapitres que ces dépenses concernent. Ils forment des articles distincts de ces chapitres et sont totalisés par exercice » (art. 37).

(1) Elle a été établie en France par la loi du 29 janvier 1831.

La déchéance quinquennale n'existe du reste qu'en faveur de l'Etat ; son bénéfice n'a été étendu ni au département ni à la commune.

sion. Les pièces justificatives dont la nomenclature est comprise dans l'article 77 doivent être conservées par le trésorier qui les joindra plus tard à l'appui de son compte. Au contraire, les mandats et le bordereau d'émission sont renvoyés au directeur de l'intérieur mais avec la preuve qu'ils ont bien fait l'objet de l'examen du trésorier. Cette preuve consiste dans le visa de ce dernier dont le mandat doit être revêtu et dans la mention qui est faite sur le bordereau de cette remise et du nombre de mandats visés par eux. A cette nouvelle transmission le sort des pièces varie avec leur nature. Tandis que les mandats demeurent à la direction pour y être remis aux ayants droit, les bordereaux d'émission sont encore une fois renvoyés au comptable après que le directeur a constaté, au bas de chacun d'eux, la réception des diverses pièces. Ce sera définitivement le trésorier qui conservera les bordereaux et les joindra à son compte. Ce mécanisme bien qu'un peu compliqué, constitue une des plus ingénieuses garanties de contrôle des opérations administratives, le contrôle de l'ordonnateur par le comptable que nous aurons à examiner plus en détail en même temps que le paiement des dépenses. Nous en avons déjà exposé l'économie générale à l'occasion des services métropolitains.

A ces diverses attributions du directeur de l'intérieur correspondent des obligations qui lui sont imposées afin d'assurer la régularité de ses opérations et d'en faciliter la surveillance. Ces obligations se résument dans la tenue d'une comptabilité dont nous allons examiner les éléments.

Comptabilité administrative. — Les opérations de comptabilité sont de trois sortes : les écritures journalières, les transmissions périodiques des relevés de ces écritures, la rédaction du compte.

Le directeur de l'intérieur est donc tenu d'abord de relater quotidiennement les opérations qu'il effectue. A cet effet il doit tenir un *Journal général* sur lequel il inscrit ces opérations. Ce journal est complété par des *livres auxiliaires* qui en comprennent le détail (art. 102). Chaque article du journal doit être reporté sur le *Sommier* ou *Grand Livre* contenant l'énumération des comptes ouverts suivant les divisions du budget. La mention de l'exécution se trouve ainsi placée en regard de la prévision (art. 103). Ce rapprochement sera ainsi tout préparé pour le moment où l'ordonnateur aura à établir son compte d'exercice.

En second lieu, le directeur doit faire périodiquement des relevés de son journal et les envoyer au ministre des colonies. On peut s'étonner de retrouver cette formalité dans les services locaux pour lesquels le ministre n'est pas ordonnateur principal. Mais la métropole demeure intéressée à la bonne gestion des finances coloniales puisqu'elle est appelée à fournir des subventions, à demander des contingents, à autoriser l'établissement de taxes nouvelles. Il est donc utile que le ministre soit tenu au courant de l'état financier des colonies. C'est pourquoi, dans les trois mois, les directeurs de l'intérieur sont tenus de lui adresser les relevés des opérations de recettes et de dépenses avec la situation du fonds de réserve et de prévoyance (art. 104). Un système analogue fonctionne dans les départements français depuis la loi du 18 juillet 1892.

Enfin le directeur de l'intérieur doit rendre compte des opérations dont il a été chargé à l'autorité qui en a voté l'exécution. Afin de remplir cette dernière obligation, il est tenu de dresser un compte administratif à la fin de chaque exercice. Ce compte d'exercice comprend : 1° le tableau général des recettes et des dépenses ; 2° le tableau de l'origine des crédits ; 3° des développements sur les divers services; 4° un tableau de comparaison des dépenses avec les prévisions budgétaires ; 5° un état de la situation du fonds de réserve et de prévoyance ; 6° un tableau de la situation des emprunts et autres services se rattachant aux comptes locaux ; 7° des développements divers (art. 110).

Ce compte ainsi rédigé doit être soumis à l'approbation du conseil général. Mais afin de faciliter l'examen de ses divers éléments à cette assemblée et de réduire le nombre des séances qui y devraient être consacrées, c'est une commission spéciale de vérification dont les membres sont pris dans le conseil privé (la composition en est réglementée par l'article 141) qui est chargée de faire le rapprochement entre les comptes de l'ordonnateur et ceux du comptable. Ce rapprochement constitue en effet le principal élément de vérification ; une difficulté sur laquelle nous aurons à revenir provient de ce que les comptes des trésoriers coloniaux comprennent à la fois les services métropolitains et les services locaux. La commission rédige un rapport qui est transmis au conseil privé chargé de déclarer la conformité de ces comptes (art. 108). C'est cette déclaration de conformité qui permettra au conseil général de se prononcer sur le règlement du compte d'exercice.

Le compte du directeur de l'intérieur est d'abord présenté au gouverneur en conseil privé dans les trois mois après l'expiration de l'exercice (art. 107), puis arrive en discussion au conseil général. Celui-ci délibère sur le compte administratif et transmet ses observations au gouverneur (art. 111). C'est en effet ce dernier qui doit arrêter définitivement en conseil privé le règlement du compte d'exercice, de même qu'il a arrêté définitivement le budget. Mais il doit se soumettre également aux décisions du conseil général. Or si ce dernier rejette une dépense exécutée à tort par le directeur, l'arrêté du gouverneur devra consacrer ce rejet. Seulement, dans ce cas, l'arrêté doit être soumis à l'approbation du ministre sans préjudice, du reste, du pourvoi en Conseil d'Etat auquel le directeur de l'intérieur peut toujours recourir (art. 112).

Ce dernier article semble bien déclarer que si une dépense n'a pas été approuvée, elle peut rester à la charge du directeur en vertu de la décision du ministre des colonies. En fait, malgré la responsabilité du directeur de l'intérieur inscrite en tête des dispositions relatives à l'exécution du buget local (art. 55),cette sanction demeure impraticable aux colonies aussi bien qu'en France à l'égard des ministres ordonnateurs.

Les comptes d'exercice du service local, après avoir été définitivement réglés par l'arrêté du gouverneur, sont rendus publics par la voie de l'impression. Des exemplaires de ces comptes sont remis aux trésoriers-payeurs et adressés au département des colonies (art. 113).

Les diverses obligations du directeur de l'intérieur vont, en même temps que ses attributions, être assumées par le gouverneur. Ce dernier sera, il est vrai, aidé par son secrétaire général qui, en fait, remplira les fonctions de directeur. Mais le gouverneur restera le seul agent responsable.

§ 2. — **Des comptables.**

Le rôle des comptables se résume en deux chefs d'attributions :

Recouvrement des recettes ; — Paiement des dépenses. Aux colonies ainsi qu'en France, la première de ces opérations est effectuée par un certain nombre d'agents distincts, tandis que la seconde est l'œuvre d'un seul comptable, le trésorier-payeur.

I. — Recouvrement des recettes.

A. — Des divers comptables chargés de la perception.

Le recouvrement des recettes locales se répartit entre deux catégories de comptables. D'une part, le *trésorier-payeur* et ses subordonnés : d'une autre, les *comptables spéciaux* à certains services. Tous versent leurs produits dans la caisse du trésorier-payeur qui centralise les fonds (art. 43), mais les comptables spéciaux gardent l'entière responsabilité de leurs opérations sans engager celle du trésorier-payeur.

A. — *Service du trésorier-payeur.*

Les fonctions du trésorier en ce qui concerne les recettes locales sont donc de deux sortes : perception de certains produits par lui-même ou par l'intermédiaire de ses subordonnés dont il est responsable, centralisation des fonds perçus par les comptables spéciaux.

Les recettes que le trésorier-payeur est chargé de recouvrer sont énumérées dans l'article 178. Ce sont : les impôts directs, les droits de douane, les produits divers du budget et, en général, tous les impôts du service local toutes les fois que ce recouvrement n'a pas été attribué à d'autres comptables. Il est à remarquer que les droits de douane sont compris dans cette énumération contrairement à l'usage établi en France de confier ce service à des agents spéciaux.

Le trésorier reste donc l'agent principal de recouvrement de la colonie (1). Ses opérations ne sont limitées que par l'attribution expresse de certaines d'entre elles à des comptables spéciaux. Afin de faciliter sa tâche, il peut être aidé dans les perceptions qui lui sont confiées par des agents de deux sortes, plus ou moins nombreux, suivant l'importance de la colonie. D'abord, un ou plusieurs *trésoriers particuliers* placés sous ses ordres et sa surveillance et de la gestion desquels il est responsable (art. 154). Un arrêté du gouverneur en conseil privé, soumis à l'approbation des deux ministres des colonies et des finances, détermine les circonscriptions sur lesquelles doivent s'étendre les attributions des trésoriers particuliers (art. 170). En second lieu, des *percepteurs* chargés du recouvrement des contributions directes (article 182) et tenus d'en verser le produit dans la caisse du trésorier particulier ou du trésorier payeur (article 185), qui demeurent responsables de la gestion de ces agents (article 180). Les percepteurs sont en même temps chargés d'exercer les fonctions de receveurs des communes, des hospices, des établissements de bienfaisance. Mais ces diverses gestions n'engagent que leur responsabilité personnelle et non plus celle des trésoriers-payeurs (article 187) (2).

Le mode de versement dans les caisses de la colonie est réglé, comme en France, d'après le système des *récépissés à talon*. Ce récépissé n'est libératoire qu'à la condition, pour l'intéressé, de le faire viser et séparer du talon dans les 24 heures de sa date par le directeur de l'intérieur (ar-

(1) « En Cochinchine ces attributions du trésorier-payeur sont dévolues à un agent portant le titre de *Receveur spécial du service local*, article 178. »

(2) En tant que receveurs municipaux ou receveurs d'autres établissements publics, les percepteurs sont justiciables du conseil privé.

ticle 175). Le système constitue un des éléments de contrôle les plus sûrs vis-à-vis des comptables, le directeur ne rend les récépissés visés par lui aux débiteurs libérés qu'après en avoir détaché les talons. Ces talons seront renvoyés tous les mois au trésorier-payeur qui lui-même les adressera au ministre des finances (article 176). Mais auparavant, le directeur aura dû enregistrer sur ses livres les récépissés et le résultat de ces enregistrements fera, chaque mois, l'objet d'une comparaison avec les bordereaux détaillés que le trésorier-payeur est, d'autre part, tenu d'établir et de remettre au directeur de l'intérieur, qui les adresse, à son tour, au ministre (article 177). Tous les premiers jours du mois, le trésorier-payeur doit envoyer au directeur de l'intérieur un *état comparatif* de ses recouvrements dressé par exercice et divisé par nature de recettes. Cet état met en regard trois sortes de chiffres: celui des sommes à recouvrer, celui des sommes recouvrées, celui des sommes restant à recouvrer (article 181).

Or, en fin d'exercice, il peut se faire qu'il y ait encore un certain nombre de sommes à recouvrer. On sait, d'autre part, que tout comptable, ainsi que le rappelle l'article 208, est responsable du recouvrement des droits liquidés sur les redevables et dont la perception lui est confiée. Afin de limiter sa responsabilité à celle des sommes dont il peut encore poursuivre le recouvrement, le trésorier-payeur dresse, à partir du 30 juin, clôture de l'exercice, un état *des restes à recouvrer*, dans lequel il classe à part les sommes dont il voudrait être déchargé et pour lesquelles il propose la mise en *non-valeurs*. C'est le directeur de l'intérieur qui est chargé d'apposer son visa sur l'état des restes à recouvrer et d'arrêter la liste des non-valeurs. En dehors des sommes comprises dans cette liste, le trésorier-payeur reste tenu du recouvrement intégral des prévisions budgétaires. Un délai de deux ans et demi lui est accordé pour l'apurement des rôles. Au 30 juin de la troisième année, le trésorier-payeur est tenu de solder de ses deniers personnels les restes à recouvrer. Si le recouvrement relève du service d'un trésorier particulier, c'est ce dernier qui paiera de ses propres fonds. Mais dans le cas de débet du trésorier particulier, le trésorier-payeur doit en couvrir immédiatement le service local et demeure subrogé à la créance de la colonie à l'égard de ce comptable. Le trésorier-payeur peut se pourvoir, pour demander sa décharge, auprès du ministre des finances qui rend une décision après avis préalable du ministre des colonies (art. 169) (1). Les trésoriers particuliers sont valablement et définitivement déchargés de leurs recettes par les avis de crédit du trésorier-payeur qui demeure comptable de leur gestion (article 167).

Les uns et les autres, après avoir soldé de leurs deniers, ont encore un recours à exercer contre les percepteurs qui bénéficient d'un délai supplémentaire d'un an pour se libérer (article 209). Enfin tout comptable qui a payé au lieu et place de la colonie se trouve subrogé dans les droits de celle-ci à l'égard de ses débiteurs.

La responsabilité des comptables à l'égard des recouvrements n'entraîne pas pour eux le droit de poursuivre à leur gré l'exécution budgétaire. Le mode de poursuite, le tarif des frais, l'organisation des agents de poursuite, sont réglés par un arrêté du gouverneur en conseil privé.

(1) Le décret du 26 septembre 1855, dans son article 175, avait confié la décision sur ce point au ministre chargé des colonies.

B. — *Service des comptables spéciaux.*

Les produits restés en dehors de l'énumération de l'article 178 sont les contributions indirectes, les produits de l'Enregistrement et ceux des Postes et Télégraphes.

Il n'y a aucune règle spéciale pour la perception des contributions indirectes. Leur recouvrement varie avec chaque colonie, confié tantôt au trésorier-payeur, tantôt à d'autres comptables (1). Aussi le décret de 1882 ne s'occupe-t-il que des comptables de l'Enregistrement et des Postes en déterminant les règles propres à chacun de ces services.

La comptabilité des postes dans chaque colonie est centralisée dans les écritures d'un seul receveur responsable des recouvrements.

Ce receveur central verse ensuite les fonds qui se réunissent dans sa caisse entre les mains du trésorier-payeur (article 191). Il établit tous les premiers jours de chaque mois un bordereau des opérations effectuées par lui ou par les autres receveurs de la colonie et en dresse une double expédition. Une expédition est transmise au directeur de l'intérieur auquel elle sert de justification pour sa comptabilité administrative et l'autre est produite par le comptable au conseil privé dont il est justiciable (article 192).

Dans le service de l'Enregistrement, au contraire, il n'existe pas de comptable central : chaque receveur perçoit sous sa propre responsabilité. Ces receveurs sont, en outre des droits d'enregistrement, des produits du domaine

(1) Dans trois colonies seulement, la Martinique, la Guadeloupe et la Réunion, il existe des comptables spéciaux chargés de la perception des contributions indirectes (droits sur les spiritueux).

et du timbre, chargés de percevoir les amendes et les condamnations pécuniaires (article 193). Ils versent, chacun de leur côté, leurs fonds dans les caisses du trésorier-payeur (article 194). Chacun d'eux établit aussi en double expédition l'état de ses recettes. Mais afin d'opérer une centralisation des écritures pour la colonie, une des expéditions est adressée par chaque receveur au *chef du service* qui est chargé de dresser un bordereau général (art. 195). Les receveurs de l'Enregistrement sont, comme le receveur central des postes, justiciables du conseil privé (article 194).

Pour les divers produits dont la perception est confiée à des comptables spéciaux, les règles suivant lesquelles se détermine la responsabilité de ces comptables diffèrent sur certains points de celles que nous connaissons.

Chaque comptable dresse d'abord, au moment de l'expiration de l'exercice, le relevé des articles dont le montant n'a pu être recouvré. Il joint à ce relevé les pièces justificatives qui peuvent être produites à l'appui de sa demande en décharge. Ces divers relevés sont adressés aux chefs de service qui établissent un bordereau des restes à recouvrer. Ce bordereau indique les produits irrecouvrables qui doivent être admis en non-valeurs et ceux qui doivent au contraire être laissés à la charge du comptable (1). Il énumère, en second lieu, les produits recouvrables qui doivent être reportés à l'exercice suivant. Les bordereaux des chefs de service sont ensuite soumis à un arrêté du gouverneur en conseil privé. Si le comptable ne conteste pas le bordereau, il verse. Sinon, il s'adresse au ministre afin d'obtenir de lui sa décharge. Mais c'est

(1) C'est ce qui arrive par exemple lorsque le comptable a payé à tort la traite d'un insolvable.

le ministre des colonies qui statue et non plus le ministre des finances comme lorsqu'il s'agit du trésorier-payeur. Enfin il reste toujours au comptable un dernier recours : le pourvoi en Conseil d'Etat (article 210).

B. — Surveillance des comptables coloniaux. Inspection coloniale.

Afin d'assurer la bonne gestion de ces divers comptables, un ensemble de moyens de contrôle est mis en œuvre. Il y a d'abord le système des récépissés à talon dont nous connaissons le fonctionnement ; puis la communication des écritures aux chefs de service et au directeur de l'intérieur. Mais il y a surtout les visites des inspecteurs coloniaux. L'inspection des services financiers a, jusqu'ici, été confondue aux colonies avec celle des services administratifs, sous le nom d'*Inspection coloniale*.

L'inspection coloniale a subi de nombreuses transformations dans son organisation et sa composition et paraît appelée à en subir encore de prochaines. Les deux systèmes en présence sont celui d'une inspection permanente et celui d'une inspection mobile. Le premier, établi par les ordonnances de la Restauration, fut remplacé par le second en 1873. Puis ils furent employés tous deux simultanément par le décret du 23 juillet 1879. C'est sous cette forme que le décret du 20 novembre 1882 parle de l'inspection coloniale. Enfin depuis le 3 février 1891, l'inspection mobile subsiste seule. Elle est composée de 4 inspecteurs généraux et de 16 inspecteurs. Au point de vue financier, ces inspecteurs jouent le rôle des inspecteurs des finances en France. Ils surveillent la gestion des comptables, vérifient leurs caisses et ont le droit d'exiger la production de toutes les pièces qu'ils jugent nécessaires à l'exercice de leur contrôle. Le résultat de leurs inspections est consigné dans le rapport qu'ils présentent au ministre des colonies.

L'inspection coloniale, telle qu'elle est organisée actuellement, a de nombreux adversaires. On trouve qu'il est excessif d'étendre ses attributions, en dehors des comptables, à tous les services administratifs et aux agents auxquels ils sont confiés. La surveillance du gouverneur responsable paraît suffisante sur ce point et on propose de réduire les attributions des inspecteurs coloniaux à celles des inspecteurs des finances, c'est-à-dire au seul contrôle des services financiers (1). « Ils trouveront du reste là, dit M. Isaac, de suffisantes occasions de faire porter leurs investigations sur l'ensemble des questions concernant les divers services. »

II. — Paiement des dépenses. — Le trésorier-payeur colonial.

Le trésorier-payeur installé dans chacune de nos colonies est seul chargé du service des dépenses (article 144). Il peut être secondé par les trésoriers particuliers dans les colonies où il en existe, mais il demeure seul responsable.

Nous avons laissé les dépenses coloniales au moment où elles viennent d'être mandatées par le directeur de l'intérieur. Les mandats remis aux ayants droit sont maintenant présentés au trésorier-payeur. Celui-ci va-t-il être obligé d'ouvrir sa caisse au seul vu de ces mandats ? Sa responsabilité serait, dans ce cas, limitée au versement matériel des fonds entre les mains du créancier. Or le législateur l'a étendue, aux colonies comme en France, sur

(1) Rapport de M. Isaac, sénateur (Documents annexes, Sénat, session ordinaire, 1890).

les questions mêmes de régularité de la dépense. Avant d'effectuer tout paiement, le trésorier colonial doit s'assurer : 1° que la dépense porte bien sur un crédit disponible, régulièrement ouvert (l'article 40 a, dans ce but, ordonné la notification au trésorier-payeur du budget local et l'article 56, celle des virements de crédits immédiatement après les arrêtés du gouverneur) ; 2° que le crédit est bien renfermé dans la distribution mensuelle des fonds (l'arrêté mensuel du gouverneur prévu par l'article 64, lui doit être également communiqué) ; 3° que l'avis de l'émission lui a été donné par le directeur de l'intérieur suivant les règles des articles 74 et 75 ; 4° que toutes les pièces justificatives exigées par l'article 77 ont été produites ; 5° que les fonds disponibles pour le service local sont suffisants ; 6° enfin que les mandats sont bien quittancés par les ayants droit. L'obligation où se trouve le trésorier de procéder à ces divers examens résulte des dispositions des articles 57, 78 et 159.

Si l'une de ces conditions manque ou se trouve incomplètement remplie, le comptable peut *suspendre le paiement*. Il envoie dans ce cas au directeur de l'intérieur la déclaration écrite et motivée de son refus. C'est alors que peut intervenir le droit de *réquisition* de l'ordonnateur. Que doit faire le trésorier si le directeur de l'intérieur requiert le paiement ? Il faut distinguer suivant le cas qui a motivé son premier refus.

S'il a suspendu le paiement pour une cause rentrant dans la quatrième catégorie, c'est-à-dire pour omission ou irrégularité matérielle dans les pièces justificatives, il doit obéir à la réquisition du directeur ; seulement il annexe au mandat une copie de sa déclaration de refus et l'original de l'acte de réquisition. Si, au contraire, il s'agit d'un des autres cas de suspension, dépassement de crédits, insuffisance de fonds ou invalidité de la quittance, le trésorier doit en référer au gouverneur qui statue immédiatement (article 78). Le gouverneur prendra toutes mesures nécessaires, fera ouvrir des crédits supplémentaires au besoin, ou aura recours au fonds de dépenses imprévues. Mais le comptable reste seul responsable. C'est à lui de se procurer les pièces justificatives nécessaires. Il est tenu de plus de rendre compte de son refus au ministre des finances (article 78). C'est entre les mains du trésorier-payeur que doivent être faites toutes saisies-arrêts ou oppositions (article 79).

Pour l'exécution du service des dépenses aussi bien que pour le recouvrement des recettes dont il est chargé, le trésorier-payeur est obligé de tenir une comptabilité rigoureuse des diverses opérations qu'il effectue. Cette comptabilité tenue *en partie double*, nécessite l'emploi de différents registres : *les livres élémentaires* où sont d'abord inscrites toutes les opérations ;

Le *journal général*, reproduisant les opérations journalières ;

Le *Grand livre,* les classant par nature d'opérations ;

Les *livres auxiliaires*, contenant le développement et les détails ;

Le *carnet d'ordonnances,* reproduisant l'ordre des articles du budget (article 171).

Les relevés de ces livres doivent être transmis à la fin de chaque mois par le trésorier-payeur au ministre des finances. La même obligation est imposée aux trésoriers particuliers qui doivent de plus, chaque mois, envoyer les mêmes relevés au trésorier-payeur (article 173).

Les écritures du trésorier-payeur sont résumées annuellement dans son *compte de gestion*.

Ce compte comprend aussi bien les services métropolitains que les services locaux, ce qui introduit un élément de difficulté et de trouble dans sa vérification ; nous allons bientôt revenir sur ce point.

Le compte de gestion est divisé en deux parties : la première ne comprenant que les opérations complémentaires de l'exercice clos et intéressant seulement le budget de l'Etat (car cette règle n'est établie que pour faciliter l'apurement des comptes métropolitains) ; la seconde comprenant au contraire la totalité des opérations faites dans l'année tant pour les services locaux que pour l'exercice en cours des services métropolitains.

Cette deuxième partie du compte comprend aussi les opérations de trésorerie dont est chargé le trésorier colonial ainsi que les trésoriers généraux en France (1).

Les comptes de gestion des trésoriers-payeurs sont transmis, trois mois au plus tard après la clôture de l'exercice, au ministre des finances qui les envoie à la Cour des comptes (article 104).

C'est à elle qu'appartient la juridiction des comptes des trésoriers-payeurs, alors que tous les autres comptables

(1) Il existe néanmoins quelques différences, en ce qui concerne le service de trésorerie, entre son fonctionnement en France et aux colonies.

En France, c'est la direction du mouvement général des fonds qui dirige la circulation du fonds au moyen du compte du trésor à la banque de France. Aux colonies, c'est le ministre des finances seul (depuis le décret de 1882 qui a enlevé cette attribution au ministre des colonies), qui intervient et règle l'envoi des fonds (car il faut avoir recours à un envoi matériel de fonds) après examen des états de situation que lui envoient *tous les mois* les comptables coloniaux. Les fonds sont envoyés soit en numéraire, soit en traites (qu'il ne faut pas confondre avec les traites de la marine), émises par le caissier-payeur central et tirées sur lui. Le trésorier colonial peut ainsi se procurer des fonds variant de valeur suivant le change : de là un bénéfice ou une perte pour le Trésor. C'est le gouverneur qui fixe le taux d'émission des traites sur la proposition du comptable.

des colonies relèvent de la juridiction des conseils privés. Les jugements de ces derniers peuvent toujours venir en appel devant la Cour des comptes, qui prononce dans ce cas deux arrêts : le premier sur la recevabilité du pourvoi, le second sur le fond.

III. — Juridiction de la Cour des comptes. — Obstacles qu'elle rencontre dans la réglementation actuelle de la comptabilité coloniale.

Les colonies exercent une influence assez considérable sur la situation financière de la métropole pour que la double mission de juridiction et de contrôle réservée à la Cour des comptes et qui fait de cette Cour « la gardienne de la fortune publique et des lois de finances » (1) s'étende jusqu'à elles. Or, la comptabilité coloniale telle qu'elle est organisée rend très difficile l'exercice de cette mission. La cause en peut être attribuée à trois sources :

1° Particularité des dates fixées comme limites à la gestion du trésorier-payeur colonial : le point de départ est avancé de six mois, de sorte que la gestion de ce comptable part du 1er juillet pour aboutir au 30 juin ;

2° Inégalité de durée des deux exercices (métropolitain et local) ;

3° Confusion des deux services dans le compte du trésorier-payeur colonial.

D'abord, la date de gestion du trésorier-payeur entraîne dans les comptes une séparation entre les opérations d'une même année qui, si elle ne compromet point entièrement la vérification en retarde les résultats définitifs. En effet

(1) Ducrocq, *Droit administratif*, 6e éd., n° 447.

les opérations du service local n'apparaissent, comme nous le savons, que dans la deuxième partie du compte, le compte d'année (1er juillet au 30 juin). Dans cette partie, figurent à la fois : les opérations des 12 derniers mois de l'exercice local clos le 30 juin et dont les 6 premiers mois (janvier à juin) ont été compris dans le compte de l'année précédente, et les opérations des 6 premiers mois de l'exercice nouveau, prenant cours du 1er janvier et dont les 12 derniers mois seront compris dans le compte de l'année suivante. En somme, il faut actuellement procéder à la vérification de trois comptes successifs pour connaître le résultat d'un exercice.

Toutefois la réforme qui se bornerait à transporter la date de la gestion du 1er juillet au 1er janvier ne serait pas suffisante. Le morcellement de l'exercice local subsisterait, seulement les opérations seraient réparties en 6 mois complémentaires d'un exercice et 12 premiers mois de l'autre au lieu de 12 mois complémentaires de l'un et 6 premiers mois de l'autre. Cette nouvelle répartition aurait au moins l'avantage d'être plus rationnelle, la période complémentaire de l'exercice devenant la plus courte.

Elle ne constituerait une amélioration que jointe, d'une part à la réduction de la durée de l'exercice local, d'une autre à la séparation des deux services (métropolitain et local) en deux comptes distincts.

La première de ces deux réformes consisterait à fixer la clôture de l'exercice local au 31 mars, comme celle de l'exercice des services métropolitains. Elle permettrait de présenter simultanément les résultats des deux exercices et d'effectuer entre eux le rapprochement nécessaire. On arriverait ainsi à contrôler de nombreuses opérations de recettes et de dépenses, dont la vérification complète est impossible actuellement, par exemple : les retenues pour pensions civiles, les accessoires de solde du personnel des colonies. On pourrait en effet comparer ces opérations qui figurent en recettes dans les services métropolitains avec les prélèvements effectués sur les paiements et relevés en regard de la dépense du service local.

Enfin la principale modification qui s'impose est la séparation des deux comptes. Leur confusion constitue en effet le plus sérieux obstacle à la vérification de la Cour.

Le service local ne trouve place dans le compte du trésorier-payeur que parmi les *services spéciaux*. De là une insuffisance de détails et aussi une insuffisance de justifications spécialement en ce qui concerne les recettes du budget local : le cadre qui leur est affecté dans le compte du trésorier ne comporte que l'inscription de leur montant mensuel. Elles ne sont classées qu'en 3 catégories : contributions directes, contributions indirectes et divers revenus. La description détaillée des opérations, c'est-à-dire le vrai compte de recettes du service local, ne se trouve que dans les états comparatifs mensuels qui accompagnent les pièces justificatives, ou du moins dans l'état du dernier mois qui reprend les chiffres des mois antérieurs, mentionne le montant des titres émis par nature de produits, celui des recouvrements effectués et celui des restes à recouvrer.

De plus, lorsqu'un compte administratif ou une pièce principale quelconque du service local se fait attendre, la Cour est obligée de passer outre au jugement du compte local pour ne pas retarder la déclaration générale. En même temps la vérification du compte métropolitain se trouve retardée par le travail préliminaire qu'il faut accomplir pour le dégager des opérations du service local.

Au contraire, la disjonction du compte du budget local de celui des services de l'Etat, donnerait l'individualité au compte local en l'appliquant à l'ensemble d'un budget dont il comprendrait l'entière exécution. De cette individualité dériveraient comme conséquences la production simultanée des justifications à l'appui des opérations effectuées au même budget, la concordance du compte du comptable avec le compte administratif de l'ordonnateur et la description détaillée des recettes du service local classées par nature de produits.

Au point de vue de la vérification, l'apurement du compte local pourrait être fait plus promptement. Toutes les opérations d'un même exercice étant décrites dans une même formule de compte, elles seraient vérifiées simultanément. L'arrêt ferait mention de l'apurement de l'exercice, fixerait le montant des restes à recouvrer et constaterait la conformité ou le désaccord entre les résultats de l'exercice présentés par le compte du comptable et par celui de l'ordonnateur.

Les avantages qu'entraîneraient ces diverses réformes justifient suffisamment l'initiative qu'a prise la Cour des comptes d'en signaler l'opportunité dans un référé au ministre des colonies et des finances (audience du 18 mars 1897). La Cour se plaint à juste titre des difficultés que rencontre l'exercice de son contrôle aux colonies (1). Elle

(1) « La Cour a, chaque année, l'occasion de constater les difficultés que rencontre l'exercice de son contrôle sur les comptes des trésoriers-payeurs des colonies, difficultés qui proviennent soit de la forme particulière dans laquelle ces comptes sont dressés, soit de l'insuffisance des justifications afférentes aux recettes du service local. Aussi est-elle depuis longtemps préoccupée de la question de savoir s'il ne serait pas possible

réclame le droit de pouvoir demander aux trésoriers-payeurs toute justification nécessaire, et notamment des états annuels des titres, créances et valeurs appartenant aux colonies. L'article 158 du décret de 1882 sert d'appui à sa réclamation en disant que ces comptables « en sont dépositaires » et « qu'ils en prennent charge dans leur comptabilité ». La Cour a appelé sur ce point l'attention des ministres des colonies et des finances afin qu'ils le signalent à la commission chargée du règlement.

Une dernière question sur laquelle porte les réclamations de la Cour des comptes, c'est l'insuffisance du contrôle exercé aux colonies par les conseils privés sur la perception des revenus qui ne sont pas recouvrés directement par le trésorier-payeur colonial.

L'article 143 permet, du reste, de voir réaliser la réforme qui consisterait à soumettre les comptables spéciaux à la juridiction de la Cour. Cet article, dit en effet « le Conseil privé, juge les comptes des autres comptables, *jusqu'à ce qu'il en soit autrement ordonné* ». La Cour n'a pourtant pas voulu proposer formellement, jusqu'à présent, une réforme qui aurait pour effet de diminuer à son profit les attributions du conseil privé (Audience du 18 mars 1897).

Si l'on ajoute à ces divers griefs les irrégularités qui se sont produites trop souvent et qui continuent à se produire dans la reddition des comptes des trésoriers-payeurs (1), on est bien amené à reconnaître la nécessité

de remédier à cet état de chose qu'elle considère comme très défectueux.» Rapport à fin de déclaration spéciale de conformité entre les résultats des comptes rendus sur les comptes individuels des trésoriers-payeurs des colonies et ceux qui sont portés au résumé des dits comptes. Gestion 1895-1896, 1re partie. M. le conseiller Dutilleul, rapporteur.

(1) Depuis la création de la colonie du Dahomey (décret du 10 mars 189

d'une réglementation à la fois plus simple et plus rigoureuse de la comptabilité coloniale.

créant la colonie du Bénin devenue Dahomey par décret du 22 juin 1894), jusqu'au commencement de la gestion 1895-1896, il n'a pas été produit un seul compte de trésorier-payeur. Par suite, le compte général des finances qui doit présenter la situation de tous les services de recettes et de dépenses au commencement et à la fin de l'année (article 158, décret du 31 mars 1862), n'a exprimé qu'inexactement cette situation pour les années 1893, 1894, 1895, puisque les opérations effectuées au Dahomey, du 10 mars 1893 au 10 juin 1895, n'y ont pas été comprises.

CONCLUSION

PROJETS DE RÉFORME.

Les questions coloniales apparaissent de nos jours au nombre de celles qui doivent s'imposer le plus légitimement aux préoccupations du législateur. Les événements extérieurs concourent à leur donner une importance toujours croissante. Les conquêtes sans cesse poursuivies par les diverses nations toutes également désireuses d'agrandir leur domaine d'outre-mer, les conflits provoqués par l'éveil du désir de l'indépendance chez les habitants de certaines possessions déjà anciennes et qui menacent de compromettre la paix de l'Europe entière, attirent sur les problèmes de la colonisation l'attention publique.

Aussi voit-on augmenter chaque année en France le nombre des textes relatifs aux colonies. Mais jusqu'à ce jour nul d'entre ces textes ne s'est attaché à une réglementation d'ensemble, n'a entrepris la réorganisation d'un système.

Le régime financier semble particulièrement impuissant à provoquer la sollicitude de ceux qui ont quelque part à l'œuvre de la législation. La loi du 11 janvier 1892 s'est proposé la réforme du régime douanier; la loi du 20 mars 1892 a eu pour but la réorganisation de l'administration centrale en créant un ministère spécial des colonies (1). Le décret du 21 mai 1898 vient de réorganiser l'ad-

(1) L'administration centrale des colonies avait été auparavant confiée

ministration locale. De nombreux projets se préoccupent les uns du régime législatif applicable à nos colonies et, en particulier, aux Antilles et à la Réunion (1) ; les autres poursuivent une transformation de la législation foncière (2), et tentent une réglementation du système des concessions ; d'autres réclament la réorganisation de l'armée coloniale en présence de l'œuvre incomplète de la loi du 30 juillet 1893 ; d'autres enfin abordent les questions générales de colonisation et se proposent de faire revivre l'ancien système des compagnies privilégiées (3). Le régime financier seul ne fait pas l'objet d'un projet de loi spécial.

Si quelque proposition comprend au nombre de ses dispositions des articles relatifs aux services financiers des colonies, le but qu'elle poursuit se borne à appeler l'attention du législateur sur des améliorations de détail et non sur la nécessité d'une réforme générale. C'est le caractère que présente l'article consacré au régime financier dans la proposition de la commission nommée le 4 avril 1888 afin de reviser l'organisation coloniale, déposée au Sénat le 15 juillet 1890. Ce projet voté en première lecture par le Sénat le 1er mai 1893, a été remanié et présenté une seconde fois le 27 juin 1893. L'article 18 de la nouvelle ré-

tantôt au Ministère de la marine, tantôt au Ministère du commerce. Elle venait d'être, pour la troisième fois rattachée à ce dernier par le décret du 11 janvier 1893.

(1) Proposition de loi spéciale aux Antilles déposée au Sénat le 15 juillet 1890 ;

Proposition de loi sur l'organisation des Antilles et de la Réunion, déposée le 23 juin 1891 ;

Proposition de loi dans le but d'étendre à l'Inde et à la Guyane les garanties du sénatus-consulte de 1854, déposée le 8 novembre 1892.

(2) Projet de décret pour l'application de l'act Torrens aux colonies françaises. Rapport de M. Noël Pardon adressé au Ministre le 29 août 1891.

(3) Projet de loi autorisant le gouvernement à créer des compagnies privilégiées de colonisation déposé au Sénat le 19 juillet 1891.

daction porte : « Le service financier des colonies et possessions françaises relève du ministre des finances. Il est régi par des règlements préparés d'accord entre le ministre des finances et le ministre chargé des colonies. Les trésoriers-payeurs et particuliers sont nommés, suivant les règles propres à l'administration des finances, après avis du ministre chargé des colonies. Il sera statué par un règlement d'administration publique sur l'organisation du contrôle financier (1). » Cet article, on le voit, n'a pas pour objet de modifier profondément le système financier actuel. C'est, du reste, ce que déclare le rapporteur (2) qui se défend de vouloir porter atteinte aux principes posés par le décret de 1882. Sur un seul point, il apporte ou plutôt prévoit une innovation : c'est en ce qui concerne le service du contrôle. Placés sous la direction du ministre des finances et « dégagés de l'obligation de s'immiscer dans les actes administratifs de tous les services », les agents chargés de ce contrôle (qui ne sont autres, d'après la première rédaction du projet de loi, que les inspecteurs des finances) seront « plus aptes à remplir leur véritable mission qui est de veiller à la fidèle exécution des règlements financiers ».

(1) L'article correspondant dans la première rédaction du 15 juillet 1890 était ainsi rédigé : « Le service financier des colonies relève du ministre des finances et sera régi d'après des règlements préparés d'accord entre les deux ministres des finances et de la marine et des colonies, Les trésoriers-payeurs et particuliers *de même que les inspecteurs des finances chargés du service du contrôle* seront nommés suivant les règles propres à l'administration des finances après avis du ministre de la marine et des colonies » (art. 12).

(2) « Il pose (cet article) seulement la base des améliorations à venir en affermissant un principe déjà consacré par les règlements en vigueur, à savoir que les services financiers aux colonies comme en France, sous toutes réserves des attaches spéciales qui lient les intérêts locaux aux autorités chargées d'en assurer la gestion, dépendent du ministre des finances » (Rapport de M. Isaac, sénateur).

Aussi le régime financier des colonies demeure-t-il, de nos jours, établi sur les bases du sénatus-consulte de 1866, dont le décret de 1882 et les textes spéciaux à nos divers établissements n'ont fait que développer les applications : et pourtant, si le système de 1866 constitue un progrès sensible sur les législations précédentes, il faut reconnaître qu'il représente un état encore trop imparfait pour être définitif. Nous avons eu l'occasion, au cours de cette étude, de signaler les diverses questions qui semblent le plus donner prise aux critiques, et qui, par leur importance et l'intérêt qu'elles présentent, justifieraient une réorganisation complète du système.

Mais une telle réforme ne saurait être utilement accomplie qu'en tenant compte d'une distinction qui doit être la base commune de tous les textes édictant une réglementation générale applicable à l'ensemble de notre domaine colonial. Il convient de répartir les diverses colonies françaises en deux groupes très distincts : d'une part, les anciennes colonies et celles qui leur ont été assimilées ; d'une autre, toutes les autres colonies auxquelles on pourrait plus justement donner, ainsi que le fait observer M. Isaac, la dénomination de possessions (1).

Toutefois cette classification ne peut être définitive en ce qui concerne les colonies qui en font l'objet. Elle ne doit pas s'opposer à ce que les possessions obtiennent du législateur la qualité de colonies lorsque le progrès de leur développement l'aura permis. C'est, du reste, le système de division adopté par les colonies anglaises. Les

(1) « C'est parce que cette distinction n'a pas été faite dans les derniers actes qui ont statué sur les constitutions coloniales, qu'on a éprouvé quelques embarras quand on a voulu appliquer aux colonies les principes affirmés par les constitutions générales » (*Rapport de M. Isaac*, Sénat, 1893, annexe 235).

colonies du second groupe, colonies de la Couronne, administrées au début suivant des règles différentes, sont appelées, après avoir atteint leur état définitif, à prendre place parmi les colonies à Parlements. Mais tandis que les transformations des colonies anglaises tendent toutes vers l'autonomie, vers la séparation, au contraire l'évolution des colonies françaises doit aboutir à l'assimilation, à l'union plus intime avec la métropole, à « la fusion dans l'unité de la patrie ».

Par une conséquence nécessaire de ce principe, il serait légitime de demander aux établissements qui ont été jugés assez mûrs pour obtenir les bienfaits de l'assimilation, de ne point continuer à être pour la métropole une source de dépenses (comme aux premiers temps de leur formation) et, puisqu'on leur laisse le bénéfice de tous les impôts, rien ne serait plus équitable que l'on mît à leur charge tous les frais occasionnés sur leur territoire par les services qui leur sont indispensables.

Et du reste, les charges locales ne s'en trouveraient guère augmentées, les colonies devenant les premières intéressées à la réalisation d'économies auxquelles elles ne songent point du moment qu'elles se peuvent reposer sur la métropole du soin d'y pourvoir.

Beaucoup de frais se trouveraient évités, tant par la concentration des services que par une nécessaire réduction du personnel. De plus, par des impositions sages et intelligemment appropriées aux ressources de la colonie, le budget de celle-ci se trouverait toujours aisément équilibré. Sans aller chercher des exemples à l'étranger, ne pourrait-on s'inspirer des résultats si satisfaisants que donne le régime financier de l'un de nos pays de protectorat, la Tunisie, pour l'appliquer aux autres établissements ? Ce pays pourvoit à toutes ses dépenses, y compris les dépenses militaires et chaque année son budget se solde par un excédent de recettes.

Il faut bien reconnaître que, même parmi les colonies ayant atteint leur complet développement, il peut y en avoir d'assez pauvres pour nécessiter quelques secours de la mère-patrie. Ces secours peuvent se traduire sous la forme de subventions analogues à celle qui est accordée d'après la loi du 10 août 1871 aux départements les moins prospères, et dont le chiffre (3,695,000 fr. en 1898) ne peut entrer en comparaison avec les charges énormes imposées annuellement par les colonies au budget de l'Etat. Les subventions ne sauraient être, du reste, pour ces établissements, que des ressources éventuelles qu'ils ne devraient pas s'habituer à escompter pour l'établissement de leurs crédits, et l'on ne saurait oublier de tenir compte de la situation plus favorable dans laquelle l'exploitation d'un sol jeune place les colonies.

Dans les établissements du second groupe, au contraire, dans les possessions, le fait de la part de l'Etat d'assumer une partie des charges coloniales devient légitime et même nécessaire. Mais si la métropole est ici obligée de transformer son système d'organisation administrative afin de pouvoir exercer une surveillance plus constante et plus sévère que justifient la faiblesse et l'inexpérience de la colonie, il n'est point nécessaire qu'il modifie la forme sous laquelle se manifestera sa contribution aux dépenses de cette colonie. La différence peut seulement résider dans le nombre et l'importance des subventions. Il est même utile d'habituer les nouvelles colonies à savoir organiser et prévoir leurs diverses opérations budgétaires, tout en les dirigeant par les conseils d'une administration éclairée et au besoin armée d'autorité.

Toutes les dépenses occasionnées à la métropole par ses colonies étant ainsi présentées sous une forme unique, on verrait disparaître les divers points défectueux du régime actuel. D'une part, l'unité du budget local se trouvant réalisée, chaque établissement pourrait se rendre un compte plus exact de ses ressources et de ses charges dans l'évaluation desquelles le système conjugué des services métropolitains et des contingents coloniaux vient porter un certain trouble : d'autre part, les subventions, étant les seules opérations portées au budget de l'Etat, laisseraient apparaître nettement le chiffre des dépenses que coûte à la France son empire colonial.

En même temps disparaîtraient les inégalités de traitement que crée entre les colonies le procédé actuel des contingents, consistant en réalité à faire solder, au moyen d'une sorte de fonds commun, par certaines d'entre elles comme la Cochinchine, une partie des dettes contractées par les autres envers l'Etat.

Nous appelons de tous nos vœux une réforme dont la réalisation intéresserait au même titre les contribuables de France et ceux des colonies. Une bonne organisation financière a toujours été pour un pays le soutien le plus sûr de sa prospérité : réaliser cette œuvre dans toute l'étendue de la patrie jusqu'en ses plus lointaines frontières d'outre-mer, n'est-ce pas là une entreprise digne de tenter l'esprit et l'effort de tous ceux qui la représentent ?

Vu :
Le Président de la thèse,
TH. DUCROCQ.

Vu :
Le Doyen,
GARSONNET.

Vu et permis d'imprimer :
Le Vice-Recteur de l'Académie de Paris.
GRÉARD.

APPENDICE

Décret du 21 mai 1898

Supprimant aux colonies les fonctions de directeur de l'intérieur et de secrétaire général du directeur de l'intérieur et portant création de secrétariats généraux.

Art. 1er. — Les fonctions de directeur de l'intérieur et de secrétaire général des directions de l'intérieur sont supprimées dans les colonies.

Art. 2. — Le gouverneur exercera à l'avenir, à titre d'attributions propres, outre celles qui lui sont conférées par les textes en vigueur, celles qui sont actuellement confiées au directeur de l'intérieur.

Art. 3. — Le gouverneur est assisté d'un secrétaire général.

Le secrétaire général est membre du conseil privé ou du conseil d'administration et du conseil du contentieux ; il les préside à défaut du gouverneur.

Il représente le gouverneur au sein du conseil général et de la commission coloniale.

Il occupe le premier rang après le gouverneur ; il le remplace de plein droit, en cas de mort, d'absence ou d'empêchement, à moins d'une désignation spéciale faite par le ministre.

Art. 4. — Les secrétaires généraux des colonies sont répartis en deux classes auxquelles correspondent les traitements ci-après, savoir :

	Solde d'Europe.	Supplément colonial.
1re classe	9.000 fr.	9.000 fr.
2e classe. . . .	8.000 »	8.000 »

Les secrétaires généraux ne peuvent être promus à la 1re classe s'ils n'ont deux années de service dans la 2e classe.

Ils sont nommés et révoqués par décret.

Les gouverneurs exercent à leur égard les mêmes pouvoirs disciplinaires qu'envers les chefs d'administration.

La retraite des secrétaires généraux est liquidée conformément aux dispositions de la loi du 5 août 1879. Ces fonctionnaires sont assimilés, au point de vue de la retraite, aux commissaires de la marine.

Art. 5. — Le présent décret n'est pas applicable aux colonies de l'Indo-Chine, ni à celles du Congo français, de Madagascar et de Saint-Pierre et Miquelon.

Art. 6. — Sont abrogées toutes les dispositions contraires au présent décret.

Art. 7. — Le ministre des colonies est chargé de l'exécution du présent décret, qui sera inséré au *Journal officiel* de la République française, au *Bulletin des lois* et au *Bulletin officiel* des colonies.

Fait à Paris, le 21 mai 1898.

FÉLIX FAURE.

Par le Président de la République :
Le ministre des colonies,
ANDRÉ LEBON.

TABLE DES MATIÈRES

DEUXIÈME PARTIE

Etat actuel de la législation financière des colonies françaises.

Imp. G. Saint-Aubin et Thevenot.— J. Thevenot, successeur, St-Dizier.

www.ingramcontent.com/pod-product-compliance
Ingram Content Group UK Ltd.
Pitfield, Milton Keynes, MK11 3LW, UK
UKHW022055260726
13993UKWH00001B/130